ELOGIOS PARA
Como construir grandes relacionamentos

"Todos sempre estão 'em' um relacionamento. Mas a maioria de nós não sabe 'como' estar presente, então muitas vezes parece que não estamos. Rick Hanson, que já nos ensinou tudo sobre o cérebro, agora traz sua precisão e acessibilidade para os relacionamentos. Quem estiver lendo este livro saberá que está nas mãos de um mestre, e nós te incentivamos a confiar na efetividade das muitas práticas que o autor oferece, se quiser ter um 'grande' relacionamento."

— Dr. Harville Hendrix e Dra. Helen LaKelly, coautores de *Getting the Love You Want: A Guide for Couples* [Conquistando o amor que você deseja: um guia para casais, em tradução livre] e *Making Marriage Simple: Ten Relationship-Saving Truths* [Simplificando o casamento: dez verdades que salvam o relacionamento, em tradução livre]

"Já se perguntou como uma conversa foi por um caminho tão errado? *Como construir grandes relacionamentos* é um maravilhoso guia para nos ajudar a entender como falar e ouvir de modo mais completo. Rick Hanson oferece sua experiência e conhecimento em cada capítulo, que pode ser lido de maneira individual ou como um todo. Você pode seguir o conselho de Buda e coletar o necessário, deixando todo o resto, mas há tantas coisas boas que você pode não deixar nada!"

— Sharon Salzberg, autora de *Real Change: Mindfulness to Heal Ourselves and the World* [A verdadeira mudança: atenção plena para curar a nós e ao mundo, em tradução livre]

"Este brilhante novo livro oferece ferramentas baseadas na ciência para ajudá-lo a ter sucesso em suas relações. Em *Como construir grandes relacionamentos*, Rick Hanson fornece instruções muito profundas sobre como ser seu próprio amigo, cultivar a gentileza e se comunicar de forma mais habilidosa, para obter mais do que deseja em todos os seus relacionamentos."

— Nate e Kaley Klemp, autores de *O Casamento 80/80: Um Modelo Novo de Relacionamento Mais Sólido e Feliz*

"Rick Hanson nos forneceu uma preciosidade em forma de sabedoria prática, orientação e inspiração. Seu conhecimento adquirido durante anos sobressai por estas páginas como as vozes esquecidas de um velho amigo ou de um dos nossos carinhosos avós. Este livro é uma recomendação necessária para qualquer um que procura melhorar seus relacionamentos."

— Oren Jay Sofer, autor de *Say What You Mean: A Mindful Approach to Nonviolent Communication* [Fale o que quiser: uma abordagem consciente à comunicação pacífica, em tradução livre]

Como construir grandes relacionamentos

Outros livros de Rick Hanson

Neurodarma: Ciência de ponta e sabedoria ancestral em 7 práticas para alcançar a felicidade máxima

O poder da resiliência: Princípios da neurociência para desenvolver uma fonte de calma, força e felicidade em sua vida (com Forrest Hanson)

O cérebro e a felicidade: Como treinar sua mente para atrair serenidade, amor e autoconfiança

Pequenas coisas: Como hábitos simples podem transformar a sua vida

O cérebro de Buda: Neurociência prática para a felicidade (com Richard Mendius)

Mother Nurture: A Mother's Guide to Health in Body, Mind, and Intimate Relationships (com Jan Hanson e Ricki Pollycove)

RICK HANSON

Como construir grandes relacionamentos

Práticas simples para
resolver conflitos, criar conexões
e promover o amor

Rio de Janeiro, 2023

Como construir grandes relacionamentos

Copyright © 2023 da Starlin Alta Editora e Consultoria Eireli.
ISBN: 978-85-7881-680-3

Translated from original Making Great Relationships. Copyright © 2023 by Rick Hanson. ISBN 978-0-593-57793-6 This translation is published and sold by Harmony Books, an imprint of Random House, a division of Penguin Random House LLC, the owner of all rights to publish and sell the same. PORTUGUESE language edition published by Starlin Alta Editora e Consultoria Eireli, Copyright © 2023 by Starlin Alta Editora e Consultoria Eireli.

Impresso no Brasil — 1ª Edição, 2023 — Edição revisada conforme o Acordo Ortográfico da Língua Portuguesa de 2009.

Todos os direitos estão reservados e protegidos por Lei. Nenhuma parte deste livro, sem autorização prévia por escrito da editora, poderá ser reproduzida ou transmitida. A violação dos Direitos Autorais é crime estabelecido na Lei nº 9.610/98 e com punição de acordo com o artigo 184 do Código Penal.

A editora não se responsabiliza pelo conteúdo da obra, formulada exclusivamente pelo(s) autor(es).

Marcas Registradas: Todos os termos mencionados e reconhecidos como Marca Registrada e/ou Comercial são de responsabilidade de seus proprietários. A editora informa não estar associada a nenhum produto e/ou fornecedor apresentado no livro.

Erratas e arquivos de apoio: No site da editora relatamos, com a devida correção, qualquer erro encontrado em nossos livros, bem como disponibilizamos arquivos de apoio se aplicáveis à obra em questão.

Acesse o site **www.altabooks.com.br** e procure pelo título do livro desejado para ter acesso às erratas, aos arquivos de apoio e/ou a outros conteúdos aplicáveis à obra.

Suporte Técnico: A obra é comercializada na forma em que está, sem direito a suporte técnico ou orientação pessoal/exclusiva ao leitor.

A editora não se responsabiliza pela manutenção, atualização e idioma dos sites referidos pelos autores nesta obra.

Produção Editorial
Grupo Editorial Alta Books

Diretor Editorial
Anderson Vieira
anderson.vieira@altabooks.com.br

Editor
Ibraíma Tavares
ibraima@alaude.com.br
Rodrigo Faria
rodrigo.fariaesilva@altabooks.com.br

Vendas ao Governo
Cristiane Mutús
crismutus@alaude.com.br

Gerência Comercial
Claudio Lima
claudio@altabooks.com.br

Gerência Marketing
Andréa Guatiello
andrea@altabooks.com.br

Coordenação Comercial
Thiago Biaggi

Coordenação de Eventos
Viviane Paiva
comercial@altabooks.com.br

Coordenação ADM/Finc.
Solange Souza

Coordenação Logística
Waldir Rodrigues

Gestão de Pessoas
Jairo Araújo

Direitos Autorais
Raquel Porto
rights@altabooks.com.br

Assistente da Obra
Caroline David

Produtores Editoriais
Illysabelle Trajano
Maria de Lourdes Borges
Paulo Gomes
Thales Silva
Thiê Alves

Equipe Comercial
Adenir Gomes
Ana Claudia Lima
Andrea Riccelli
Daiana Costa
Everson Sete
Kaique Luiz
Luana Santos
Maira Conceição
Nathasha Sales
Pablo Frazão

Equipe Editorial
Ana Clara Tambasco
Andreza Moraes
Beatriz de Assis
Beatriz Frohe
Betânia Santos
Brenda Rodrigues
Erick Brandão
Elton Manhães
Fernanda Teixeira
Gabriela Paiva
Henrique Waldez
Karolayne Alves
Kelry Oliveira
Lorrahn Candido
Luana Maura
Marcelli Ferreira
Mariana Portugal
Matheus Mello
Milena Soares
Viviane Corrêa
Yasmin Sayonara

Marketing Editorial
Amanda Mucci
Livia Carvalho
Pedro Guimarães
Thiago Brito

Atuaram na edição desta obra:

Tradução
Mariana Santos

Copidesque
Rafael de Oliveira

Revisão Gramatical
Evelyn Diniz
Vinicius Barreto

Diagramação e Capa
Cesar Godoy

Editora afiliada à: ASSOCIADO

Rua Viúva Cláudio, 291 — Bairro Industrial do Jacaré
CEP: 20.970-031 — Rio de Janeiro (RJ)
Tels.: (21) 3278-8069 / 3278-8419
www.altabooks.com.br — altabooks@altabooks.com.br
Ouvidoria: ouvidoria@altabooks.com.br

Para todos os meus amigos e colegas,
para todos com quem já trabalhei,
para todos que me ensinaram,
e para qualquer pessoa em qualquer lugar que possua compaixão

Sumário

Introdução   XIII

PARTE UM
Seja seu próprio cúmplice

1	Seja leal a você	3
2	Deixe estar, deixe ir, deixe entrar	8
3	Acomode-se na força suave	15
4	Sinta o cuidado	20
5	Aceite-se	25
6	Respeite suas necessidades	33
7	Tenha autocompaixão	37
8	Saiba que você é uma boa pessoa	41
9	Confie em você	44
10	Presenteie-se	47
11	Perdoe-se	49

PARTE DOIS
Aqueça o coração

12	Alimente o lobo do amor	55
13	Enxergue o interior de alguém	58
14	Tenha compaixão	64
15	Enxergue a bondade em alguém	68
16	Reconheça os desejos mais profundos dos outros	71
17	Seja gentil	74
18	Ame o próximo	79
19	Confie no amor	84

PARTE TRÊS
Fique em paz com outras pessoas

20	Não leve tanto para o lado pessoal	91
21	Acabe com a guerra em sua cabeça	97
22	Aceite-os	102
23	Relaxe, você será criticado	106
24	Cuide da sua calçada	109

PARTE QUATRO
Defenda-se

25	Livre-se do medo desnecessário	115
26	Encontre estabilidade	119
27	Use a raiva, não deixe que ela use você	124
28	Diga a verdade e pratique a justiça	130
29	Não se deixe intimidar	134

PARTE CINCO
Fale com sabedoria

30	Cuidado com as palavras	141
31	Seja sincero	144
32	Expresse-se com o coração	149
33	Questione	152
34	Demonstre apreço	158
35	Experimente um tom mais suave	161
36	Não seja estraga prazeres	164
37	Dê o que eles querem	167
38	Reconheça a sua parte	171
39	Admita seus erros e siga em frente	175
40	Largue o osso	178
41	Continue do lado certo quando houver injustiça	181
42	Dialogue sobre dialogar	187
43	Diga o que quiser	193
44	Chegue a um acordo	203
45	Redimensione o relacionamento	211
46	Perdoe	221

PARTE SEIS
Ame o mundo

47	Ame o que é real	229
48	Seja corajoso	233
49	Vote	236
50	Valorize a Terra	242

Agradecimentos	245
Índice	247
Sobre o autor	253

Como construir grandes relacionamentos

Introdução

Muito das nossas alegrias e tristezas se originam em nossas conexões com outras pessoas. Todo mundo quer estar em relacionamentos saudáveis e satisfatórios. Mas *como* alcançar isso em casa e no trabalho, com amigos e parentes, com pessoas que você gosta — e talvez com algumas que você não vai com a cara? Como você pode lidar com conflitos, consertar mal-entendidos, ser tratado de uma forma melhor, aprofundar a parceria romântica, ficar em paz com outros e oferecer o amor que você tem em seu coração?

A maioria de nós se sente travado, até mesmo presos em nossos relacionamentos. Talvez seja com um colega de trabalho traiçoeiro ou com um colega de quarto frustrante, um pai ou mãe que não faz sua parte, um parente distante, um chefe que faz críticas em excesso, ou um cônjuge que está se afastando de você. Pode parecer que não há saída.

Mas tenho uma boa notícia: centenas de estudos científicos mostram que relacionamentos não são dados; são *construídos*. Isso nos dá poder para torná-los melhor — e uma vez ouvi uma história que nos ensina como:

Uma senhora foi questionada sobre o que havia feito para tornar-se tão feliz e sábia, tão amada e respeitada. Ela respondeu: "Reconheço que há dois lobos em meu coração, um do amor e um do ódio. E reconheço que tudo depende de qual escolho alimentar a cada dia."

Você já deve ter ouvido uma versão dessa história. É tão promissora! Todos os dias, com tudo o que você pensa e diz, você consegue construir de maneira gradual um senso de autoestima, compaixão e autoconfiança, enquanto se torna mais descontraído, paciente e eficiente com outras pessoas.

Como um psicólogo, marido e pai — e como alguém que era tímido e estranho quando criança e que teve dificuldades em alguns relacionamentos quando adulto — aprendi o que faz as relações darem errado e o que podemos fazer para torná-las melhor. Este livro oferecerá a você cinquenta maneiras simples, mas poderosas, para se comunicar de forma efetiva em todos os tipos de ambientes, se defender, expressar seus sentimentos mais profundos, não entrar em brigas perdidas, dizer (e conseguir) o que desejar, reformular os relacionamentos conforme necessário, perdoar outros e a si mesmo, não levar tanto as coisas para o lado pessoal, sentir-se amado de verdade — e muito mais. É o resultado de muitos anos de experiência e retém tudo o que eu gostaria de oferecer para qualquer pessoa que deseja saber como construir relacionamentos bons, até mesmo ótimos.

Muitas vezes leva bastante tempo para mudar o mundo ao seu redor. A mudança interna pode acontecer bem mais rápido. Você pode dar passos dentro de suas capacidades para curar feridas antigas, encontrar apoio e felicidade em seus relacionamentos como são e torná-los ainda melhores. Esses são os conceitos básicos de *qualquer* relação e você pode aplicá-los em qualquer situação. Foquei na essência desses conceitos em capítulos pequenos que os abordam de maneira rápida e ampla, e às vezes sou franco e direto, fornecendo lições da vida real retiradas de décadas como psicoterapeuta de casais e famílias. Escrevo com base em minha própria vida — como um homem branco, profissional e mais velho — e sem dúvidas deixarei de fora perspectivas e questões importantes. Por favor adapte o que eu digo em suas próprias necessidades e situações.

Nas partes um e dois, estabilizamos a base crucial de apoio a *si mesmo* e um bom coração em relação ao próximo. As partes três e quatro preparam o terreno para lidar com conflitos e pessoas desafiadoras. A parte cinco explora a comunicação efetiva em detalhes, incluindo o que fazer quando as coisas ficarem intensas. A parte seis amplia o alcance dos nossos relacionamentos até nossas comunidades, para toda a vida e até o nosso lindo planeta.

Cada capítulo se destaca como uma prática completa. Embora se complementem, está tudo bem pular para o que for mais útil para você no momento. Mencionarei de forma ocasional resultados de pesquisas e você pode encontrar as referências facilmente em meus livros *O cérebro e a felicidade* e *Neurodarma*, bem como online. Se você se deparar com algo que já me ouviu dizer em outro lugar, você pode explorar de maneira mais profunda ou avançar um pouco. No espaço aqui apresentado, não pude abordar os tópicos importantes das finanças, sexo, cuidados parentais, *cyberbullying*, assédio no ambiente de trabalho, ou as maneiras em que nossos relacionamentos podem ser prejudicados pelo sexismo, racismo e outros tipos de preconceito. Muitas vezes não faço especificações de gênero.

Todos os dias recebemos chances de aprender, curar e crescer. Apenas continuamos tentando. Você pode dizer que alguns capítulos são inspiradores, como "Diga o que quiser" (capítulo 43) ou "Cuide da sua calçada" (capítulo 24). O importante é continuar indo em direção a algo positivo e não sentir que você precisa ser perfeito.

Nestas páginas, você encontrará muitas coisas específicas que pode fazer dentro da sua mente ou de maneira externa com outras pessoas. A fim de manter as coisas simples, denomino a maioria como instruções — e sinta-se livre para ignorar as que não funcionam para você. Algumas parecerão fáceis e óbvias, outras precisarão de mais esforços e serão uma exploração contínua. Encontre o que faz bem para você e está tudo bem ignorar o resto.

Você pode ler esse livro sozinho ou com outra pessoa para melhorar seu relacionamento. Ele não serve como terapia ou como uma substituição para tratamentos profissionais de condições físicas ou mentais. Tentei escrever como se estivesse conversando sobre relacionamentos com um amigo ou amiga para explorar as principais questões e oferecer ideias e ferramentas que podem ser úteis de imediato. Espero que você aproveite *muito* esta leitura e o que quer que você absorva se espalhe pelo mundo para beneficiar outras pessoas também.

PARTE UM

Seja seu próprio cúmplice

1

Seja leal a você

Há alguns anos, meu amigo Norman e eu estávamos escalando em Fairview Dome no Parque Nacional de Yosemite. Liderei uma caminhada íngreme, ancorei em uma pequena saliência e amarrei Norman quando ele subiu. De repente, ele se soltou e caiu para trás com os braços abertos e uma expressão de choque. Seu peso me puxou para baixo, mas os ganchos nos seguraram e eu impedi sua queda. Ele olhou para cima com um sorriso perplexo, enfiou as mãos de volta na rachadura e continuou a escalar.

Ele sabia que eu impediria sua queda, e no dia seguinte, eu sabia que ele evitaria a minha. Fomos *leais* um ao outro, embora isso acontecesse com frequência de maneiras menos dramáticas. Ficamos alertas às ameaças, ouvimos com interesse, comemoramos as vitórias e compreendemos as perdas. Ele cuidou de mim e eu cuidei dele.

Muitos de nós são leais a alguém. No entanto, quanto somos leais a *nós*? Com que frequência você oferece para si a mesmo quantidade de incentivo, apoio e respeito que oferece aos outros?

Na minha experiência, muitas pessoas têm dificuldades em serem leais a si mesmas, pelo menos em certas áreas. Talvez consigam se defender no trabalho, mas em relacionamentos pessoais sentem que, de alguma forma, não possuem esse direito. Como terapeuta, muitas vezes conheci pessoas que estavam bastante infelizes, por razões compreensíveis, dadas suas histórias de vida e atuais relacionamentos. Mas pessoas assim subestimam e rejeitam seus sentimentos, como se fosse vergonhoso ou culpa delas. Faziam pouco caso da própria dor. Podiam me dizer o que pensavam que deviam fazer, mas no fundo não se sentiam motivadas a agir. Para seguir em frente apesar da inércia ou dos medos, precisamos ter um compromisso persistente e leal ao próprio bem-estar.

Ser leal a você é como ser leal a qualquer pessoa. Enxergamos o que há de bom no outro. Defendemos fielmente, oferecendo compreensão e apoio. Essa postura, quando aplicada a você, torna-se a base para cada boa ação feita para seu próprio benefício. É como uma chama piloto. Se está apagada, nenhuma quantidade de "gás" — incluindo as coisas que exploraremos para melhorar seus relacionamentos — fará muita diferença. Mas quando está acesa, tudo é possível. Quando você está ao seu favor, sua louca e preciosa vida — como diz a poetisa Mary Oliver — importa para *você*.

Lealdade não significa ser egoísta. Trata-se de reconhecer o que faz bem de verdade para você, saber que precisa dar para receber e que precisa pensar no próximo para seu próprio bem e para o dele. A lealdade sábia é lúcida, não cega. Para se ajudar, você precisa entender o que pode fazer melhor na próxima vez. (Talvez no espírito de um comentário de Suzuki Roshi para um grupo de estudantes zen: "Vocês são perfeitos do jeito que são… e poderiam melhorar um pouco.") A lealdade sábia enxerga a situação completa com uma visão ampla — por exemplo, ajuda você a não entrar em uma briga que já está perdida.

É tão bom quando alguém demonstra lealdade, e você pode sentir o mesmo quando é leal a si. Imagine o que poderia mudar para melhor em seus relacionamentos se você se comprometesse de maneira consistente com seus interesses verdadeiros, se oferecesse apoio emocional durante conflitos e valorizasse muito sua vida a cada dia.

Como

Uma boa maneira de começar é pensando no sentimento de ser leal a alguém importante na sua vida. Como é essa experiência? Talvez você sinta uma gentil compreensão ou uma forte persistência em nome dessa pessoa, enquanto é consciente quanto ao ser interior dela, com todas as vulnerabilidades e preciosidades. Saiba o que é ser leal a alguém.

Então aplique essa atitude a você. Imagine aquela pessoa importante sentada ao seu lado, na sua frente, e diga primeiro para ela e depois para você: *Eu sou leal a você... Estou ao seu lado... Penso no que é realmente bom para você... Sua vida importa de verdade...* Qual a sensação de pronunciar tais coisas? Algumas são fáceis de dizer para outra pessoa, mas difíceis de dizer para *você*?

Em seguida, tente dizer as seguintes frases em voz alta e note como se sente: *Não estou contra os outros, estou apenas ao meu favor... Minhas necessidades e meus desejos importam... Tenho determinação para fazer o que é bom para mim, mesmo que seja assustador...* É possível fazer essas declarações genéricas serem mais específicas e tratarem de questões particulares, como: *Vou me defender no trabalho... Minhas necessidades e meus desejos importam nessa família... Falarei sobre aquela discussão com meu amigo, mesmo que seja assustador...* Seja honesto com sua intuição a respeito de coisas a serem ditas a você mesmo que podem ser comoventes e importantes.

Lidando com obstáculos

Ao fazer esse exercício, você está explorando algumas profundezas da sua mente. Observe o que encontrará, em especial, quaisquer hesitações, qualquer sensação que impeça você de se defender, qualquer sentimento que diz que você não merece esse tipo de apoio. Obstáculos à autolealdade são comuns, principalmente:

- Crenças de que, de alguma forma, é "contra as regras", que é egoísta, injusto ou apenas errado.
- Vergonha, o sentimento de que você não merece gentileza e apoio, inclusive quando vem de você.
- Uma sensação de futilidade, desesperança e desamparo; "Para que me importar já que não vai dar certo mesmo?"
- Desdenho, indiferença, e até mesmo crueldade direcionados a partes de você.

Nas próximas páginas, exploraremos muitas maneiras de superar obstáculos como esses. Apenas estar ciente deles já ajuda. Você pode ter curiosidade embora não se *identifique* com eles. Pode reconhecer a origem dos obstáculos, como na sua infância ou na forma em que as pessoas lhe trataram. Por sermos seres tão sociais, internalizamos e repetimos o que os outros fizeram conosco de maneira natural, especialmente durante a infância.

Você pode desafiar essas crenças que fortalecem os obstáculos com perguntas do tipo: *Isso é mesmo verdade? Com que frequência acontece? Se está tudo bem ser leal com os outros, e tudo bem serem leais a mim, por que seria errado ter lealdade comigo?* Você pode reforçar o que é verdade, como por exemplo: *Eu não consegui impedir o bullying do valentão da escola, mas hoje não sou uma pessoa indefesa e posso me defender... O que meu tio fez foi uma vergonha para ele, não para mim; não estou em pedaços, nem marcado e mereço amor.*

O sentimento de estar se desvinculando do obstáculo pode surgir, você pode não concordar mais com ele e deixá-lo enfraquecer, diminuir, sumir. Ele pode estar "logo ali" dentro da sua mente enquanto seu corpo se separa. Tente dizer que ele não tem mais poder sobre você; tente dizer adeus.

Fortalecendo a lealdade com você

Lembre-se de vezes em que precisou ser forte para benefício próprio, talvez em uma situação em que você precisou ir fundo para superar um acontecimento ou relacionamento horrível. De novo, tente sentir essa força para enrijecê-la dentro de você. Como era o seu olhar, a expressão em seu rosto? Valorize como a autolealdade *já* aconteceu e reconheça os benefícios, como quando ajudou você a dizer algo importante na frente de seus pais.

No cotidiano, você pode estar em contato com a sensação da autolealdade. Explore enquanto vivencia, incluindo o sentimento em seu corpo. Observe as coisas significativas e importantes que surgem ao ficar a seu favor. Aproveite! Abra-se para esse sentimento e o absorva, deixe-o ir fundo.

Você pode assumir um compromisso sagrado de não se decepcionar. De que terá fé em você. Não se colocará acima de outros, nem abaixo. Você pode se respeitar e ficar ao seu lado durante cada passo na longa estrada da vida.

2

Deixe estar, deixe ir, deixe entrar

Estresse é normal. O sentimento de irritação, mágoa ou preocupação também. A infância pode ser desagradável e é natural que perdas e feridas passadas nos afetem hoje. A vida é uma viagem louca e o mundo pode parecer bem assustador. Outras pessoas podem ser decepcionantes, indiferentes ou hostis — e às vezes até coisa pior.

Como é de esperar, reagimos a tudo isso. E essas reações são formadas e intensificadas pelo viés de negatividade do cérebro, que pode funcionar como um velcro para experiências ruins, mas como teflon para as boas.

O que podemos fazer?

Uma opção é não fazer nada e apenas sentir a provocação, a invasão, a enxurrada de sentimentos ou a paralisação. Já passei por isso — várias vezes. Em algumas situações senti tanta raiva de alguém que cuspi palavras horríveis, ou fiquei tão magoado que quase não conseguia me movimentar. Além desses momentos intensos, podemos passar tempo demais nos preocupando, revivendo conversas antigas ou matutando ressentimentos. Nesse meio tempo, o humor geral pode se tornar ansioso, irritadiço ou melancólico cronicamente. Parece que não há uma saída com a sua mente dessa forma.

A outra opção é *praticar* com seus pensamentos e sentimentos, seus desejos e suas ações. O que significa afastá-los, em vez de sentir como se estivessem arrastando você, e direcioná-los pouco a pouco para um lugar melhor.

Eu cresci em um lar carinhoso e decente, mas ainda era muito infeliz e conturbado até ingressar na faculdade. Então precisei praticar muito! Ao longo dos anos, encontrei ajuda na psicologia clínica, na ciência contemplativa e na neurologia. Tudo o que aprendi sobre práticas da mente se encaixa em três categorias: sentir o que você está vivenciando, reduzir o que é prejudicial e doloroso, e aumentar o que é útil e agradável. Imagine que a sua mente é como um jardim: você pode cuidar, tirar as ervas daninhas e cultivar as flores. Em resumo: deixe estar, deixe ir e deixe entrar.

Sem praticar, ficamos desamparados quando enfrentamos as tempestades emocionais internas. Praticando, temos a *escolha*, e um caminho de cura e felicidade. Vamos ver como alcançar.

Como

Deixe estar

Em primeiro lugar, *sinta* a experiência pelo que ela é, abrindo-se para ela e observando-a, com aceitação e bondade para o que encontrar. É como assistir ao filme da sua mente na vigésima fileira em vez de estar perto da tela. Enquanto você sente, a sua experiência pode mudar — por exemplo, a sensação de frustração pode desaparecer — mas não diretamente por influência sua.

Digamos que alguém fez uma crítica a você. Você pode começar reconhecendo suas variadas reações, talvez fazendo uma lista mental, como: *surpresa... irritação... como podem falar isso? Que injusto!... mágoa... desejo de revidar.* Pesquisas mostram que apenas rotular as quinquilharias no fluxo de consciência ajuda a acalmar o "alarme" do cérebro, a amígdala.

Você pode estar ciente de diferentes aspectos da sua experiência, como a sensação de embrulho no estômago ou pensamentos sobre por que você está do lado certo e os outros estão do lado errado. Por baixo dos panos, reações como a raiva podem ser sentimentos mais suaves, como a tristeza, talvez se originando de partes mais profundas que foram magoadas quando você era mais jovem. Você deve entender as maneiras como eventos passados e até mesmo traumáticos, ou fatores atuais, afetam você, como problemas financeiros ou preconceitos contínuos.

Poder sentir o que você está vivenciando é a base de todas as outras práticas. Algumas vezes, é tudo o que pode fazer: talvez você tenha passado por um grande choque, ou cada vez que pensa em um ente querido que partiu, uma sensação profunda de luto invada você. E à medida que você se cura e cresce, cada vez mais estará se acomodando em uma sensação fundamental subjacente de um bem-estar resiliente enquanto várias experiências passam por sua percepção.

Mas entender a mente não é a única forma de praticar. Algumas vezes também precisamos *lidar com ela*. Pensamentos dolorosos e prejudiciais, sentimentos, hábitos e desejos são baseados em estruturas neurais e processos que muitas vezes não mudam sem esforços ativos para alterá-los. E tudo o que você desejar desenvolver internamente — desde habilidades interpessoais até sentimentos gerais de autoestima, serenidade e felicidade — será acentuado por esforços premeditados para produzir mudanças físicas específicas em seu cérebro.

Assim como um pássaro precisa de duas asas, praticar com a sua mente requer tanto *sentir* quando *lidar* para poder voar.

Deixe ir

Digamos que você esteja sentindo a experiência por alguns instantes, minutos ou até mesmo dias, e parece que está na hora de começar a lidar com ela. Talvez uma antiga dor esteja invadindo e você precise seguir em frente, pelo menos por agora. Eu mesmo já chorei pitanga demais. Ou talvez uma reação muito familiar tenha sido desencadeada e não há mais valor em explorá-la.

Então, siga para a libertação. Você não está resistindo aos seus pensamentos e sentimentos, mas está os *liberando* de forma gentil.

Usando o exemplo de alguém lhe criticando, você poderia:

- Propositalmente relaxar aquele sentimento de estômago embrulhado, respirando, suavizando e aliviando
- Desafie alguns dos seus pensamentos, talvez se perguntando coisas como: *O que não é verdade sobre a crítica, para que eu não precise me preocupar com aquela parte? E se alguma parte da crítica for verdadeira, como posso colocá-la em uso? Para os pensamentos que dizem que sou um fracasso ou não mereço amor, digo: "Vocês estão errados! De todos os jeitos, sou inteligente, tenho sucesso e com certeza mereço amor!"*
- Sinta seus sentimentos voando para longe. Tente expelir de modo apropriado (com a intenção de liberar, não de acelerar ainda mais), como escrevendo uma carta que você não enviará ou apenas deixando as lágrimas caírem por um tempo. Imagine emoções específicas, como a mágoa ou a raiva, saindo a cada respiração
- Reconheça quaisquer desejos ou planos que provavelmente não são bons para você, ou para outros, como reagir de forma exagerada de maneira que traga problemas mais tarde. Liste mentalmente as razões pelas quais eles não são bons
- Desvincule-se de preocupações com o passado e foque o presente. Imagine que suas mãos estão segurando suas reações como pedrinhas, depois abra-as e deixe as pedrinhas caírem

Você não precisa praticar isso tudo! Qualquer um será bom e você encontrará sua própria sabedoria natural sobre o que lhe auxilia com o sentimento de liberação, de alívio e o que ajuda a limpar sua mente.

Deixe entrar

Em seguida, você passa a focar e fortalecer o que é útil e agradável. No jardim da sua mente, você está cultivando as flores onde antes estavam as ervas daninhas.

Por exemplo, se lhe fizeram críticas, você pode:

- Abrir-se um pouco, caso tenha se fechado por proteção.
- Dizer alguns "mantras" para você, como: *Todos cometem erros e não é o fim do mundo... Todos os dias eu faço algo de maneira correta e eficaz... Possuo boas intenções!* — e repita, ajude-se a *acreditar* neles.
- Convidar sentimentos positivos, principalmente aqueles que são um tipo de antídoto para como a crítica fez você se sentir. Elas podem ser depreciativas e não aceitáveis, então tente se lembrar do sentimento de estar com pessoas que gostam e valorizam você.
- Identifique quaisquer intenções ou planos que você deseje colocar em prática nos próximos dias. Talvez haja uma boa lição a ser aprendida nas críticas — o que talvez inclua se afastar das pessoas que não lhe tratam bem.

Enquanto você vivencia o que está deixando entrar, mantenha esse sentimento por um instante ou mais, sinta-o em seu corpo e tenha consciência do que é agradável e significativo. Fazer isso ajudará a experiência a deixar rastros duradouros em seu cérebro. Sem essas mudanças em seu sistema nervoso, a experiência no momento pode ter sido boa, mas não houve nenhum *aprendizado*, nenhuma cura, nenhuma maior habilidade, resiliência ou felicidade. Além de vivenciar, você pode *amadurecer*.

E se você sabe que seria útil desenvolver alguns *recursos internos* em particular, como ter mais confiança ao redor de outras pessoas, você pode procurar maneiras de vivenciar esse recurso e ajudá-lo a ir fundo, tornando-se parte sua por onde você vá. (Para saber mais sobre a prática da neurociência de "absorver o que é bom", por favor leia meu livro *O cérebro e a felicidade: Como treinar sua mente para atrair serenidade, amor e autoconfiança.)*

Nos jardins da mente

Quando algo é estressante ou doloroso, há um ritmo natural que muitas vezes flui de deixar ir para deixar entrar. Mas se é algo especialmente inquietante, como despertar um antigo trauma, pode ser útil começar focando — deixando entrar — a sensação de força suave ou o sentimento de receber amor de alguém, o que ajudará a sentir a experiência quando for a hora certa. Você pode imaginar que pessoas importantes estão ao seu lado enquanto você enfrenta sua dor e que elas estão sendo compassivas, solidárias e motivadoras.

À medida que você pratica com a sua mente, aprenderá muitas coisas interessantes e úteis. Terá mais descontração e será mais eficiente com outros, com mais capacidade de se concentrar durante conflitos e de se recuperar de transtornos. Será mais fácil de abrir seu coração, mesmo quando precisar se defender. Você não se afetará tanto com coisas que aconteceram no passado. Terá mais habilidade em lidar com estresses e injustiças inevitáveis do nosso mundo bastante imperfeito. Sabendo como é se responsabilizar por sua própria mente e praticar com ela, você estará em uma melhor posição — quando for apropriado — para exigir o mesmo dos outros.

A prática, muitas vezes, é uma questão de pequenos passos ao longo do tempo. Portanto, é bastante possível até mesmo em circunstâncias difíceis. Na verdade, quanto pior for a vida de uma pessoa, mais valiosa se torna a prática. Mesmo quando o mundo exterior estiver preso em um momento ruim, você sempre pode praticar a cura e amadurecer um pouco por dentro. Uma respiração de cada vez, sinapse por sinapse, você pode desenvolver pouco a pouco um bem-estar resiliente conectado ao seu sistema nervoso.

3

Acomode-se na força suave

Quando penso nos meus quarenta anos de casamento, meus dois filhos e muitos tipos de relacionamentos com amigos, parentes, colegas de trabalho e outros, é perceptível que a maioria das minhas experiências dolorosas e dos meus erros interpessoais aconteceram quando eu estava estressado e irritado.

E você? Diria o mesmo?

Nós nos estressamos e nos irritamos quando parece que uma necessidade básica não está sendo atendida. De acordo com a biologia, cada um de nós tem uma necessidade básica de *segurança, satisfação* e *conexão* (amplamente falando). Quando parece que essas necessidades estão sendo atendidas, o corpo se acalma de maneira natural e se reabastece. Na mente, muitas vezes, há a sensação de calma, gratidão e bondade, talvez no fundo da consciência. Este é o nosso estado de sossego saudável, que eu chamo de Zona Verde. No meio dela, uma pessoa pode *estar com* a dor física ou emocional sem se sentir invadida ou sobrecarregada. Ela pode lidar com problemas de relacionamentos com autoconfiança e compaixão — mesmo quando precisa ser firme.

Mas quando você sente que uma necessidade básica importante não está sendo atendida, seu corpo entra em ação com a resposta ao estresse de lutar, correr ou congelar. Enquanto isso, dependendo da necessidade em questão, em sua mente pode existir uma sensação de:

- Medo, raiva ou desamparo (quando você não sente segurança física ou emocional).
- Frustração, decepção, tédio, falta de motivação ou vício (quando a satisfação parece fora de alcance).
- Mágoa, vergonha, inadequação, inveja, ressentimento ou hostilidade (quando você não sente conexão com outras pessoas de maneira positiva).

Essa é a Zona Vermelha. Às vezes é sutil, como a preocupação com uma interação ofensiva com alguém no trabalho. Outras, é intensa, como estar no meio de uma briga com um cônjuge. Experiências repetidas na Zona Vermelha, até mesmo as que parecem mais brandas, desgastam sua saúde física e mental. Por exemplo, um cirurgião geral americano, Dr. Vivek Murthy, demonstrou que a solidão crônica reduz a expectativa de vida média tanto quanto fumar meio maço de cigarros por dia.

Como

Para passar mais tempo na Zona Verde e menos na Vermelha, a prescrição é simples:

1. Desenvolva e use os recursos psicológicos, como garra, autoestima e habilidades interpessoais para atender suas necessidades de maneira mais efetiva e sem precisar ir para a Zona Vermelha.
2. Quando parece que uma necessidade está sendo atendida o suficiente *no presente* — por exemplo, talvez aquele relacionamento não seja perfeito, mas você ainda sente conexão e carinho — desacelere para aproveitar essa experiência em seu interior. Pouco a pouco, você cultivará uma sensação fundamental de paz, satisfação e amor.

Este livro é sobre o primeiro item, desenvolvendo e usando recursos psicológicos em seus relacionamentos, com lembretes ocasionais de também colocar o segundo em prática. Com certeza também é útil para melhorar as condições na sociedade e dentro do seu próprio corpo. Mas essas podem ser mudanças mais lentas. Enquanto isso, você pode criar as atitudes e capacidades que nutrem melhores relacionamentos mais rápido — começando com uma base de força suave.

Venha até o centro

De algumas maneiras, as pessoas são como o vento — às vezes quente e suave, outras frio e turbulento. Então, entender as profundas raízes, como as de uma árvore forte, pode ser útil. Assim, você pode resistir aos ventos mais fortes sem cair. No seu corpo, o *sistema nervoso parassimpático* (SNPS) promove esse sentimento de calma e foco. Tente respirar com exalações l-o-n-g-a-s e observe como se sente. Você está sentindo o SNPS, já que ele está envolvido com a exalação e com a diminuição da frequência cardíaca. Você pode examinar seu corpo e liberar a tensão de modo sistemático em partes diferentes — também envolvendo o SNPS. Com a repetição, estudos mostram que essa *resposta de relaxamento* se tornará um hábito (muito bom), e até mudará a expressão dos genes em seu cérebro para oferecer mais resistência.

Se você está começando a entrar na Zona Vermelha, faça uma daquelas exalações longas e melhore a ativação parassimpática para acalmar o *sistema nervoso simpático* (SNS), que acelera quando estamos estressados. Essas duas áreas do sistema nervoso autônomo estão conectadas como gangorras: quando uma sobe, empurra a outra para baixo.

À medida que você respira, foque as sensações internas do ar entrando e saindo, e dos seus pulmões expandindo e contraindo.

Note que você está bem agora

Isso ajudará a fundamentar seu próprio corpo e a ficar estável por dentro — mesmo quando as brisas de outras pessoas começarem a soprar.

Note que você está bem agora

Muitas informações que adentram seu cérebro vêm de dentro do seu corpo. A não ser que você esteja passando por uma dor física ou emocional, esses sinais são como alertas de um vigia: "Está tudo bem, está tudo bem." *Há* ar suficiente para respirar, seu coração *está* pulsando, seus órgãos *estão* funcionando, sua mente *está* trabalhando, sua consciência *é* contínua. As coisas podem estar longe de serem perfeitas, mas você está bem. O que quer que o passado tenha sido e o que o futuro será, você está bem *agora*.

É bastante útil notar isso!

É reconfortante e acalma, um antídoto imediato contra a ansiedade. Quando é verdadeiro — e muitas vezes é — você consegue encontrar seu equilíbrio em uma sensação básica de bem-estar *no presente*. Nas beiradas pode ter dor e mágoa, problemas reais com que precisamos lidar. Mas no centro do seu ser, você está bem. Reconhecer e sentir isso não significa ignorar ameaças ou ser complacente. Na verdade, oferece mais força caso seja necessário tomar uma atitude contra aqueles que prejudicam você ou outros.

Tente: durante a respiração, continue notando o *fato* de que você está bem e ajude-se a sentir um pouco de tranquilização e a amenizar a ansiedade ou tensão. Se a sua mente vaga para o passado ou futuro, é normal; apenas retorne ao presente, notando que você está bem agora, agora e agora.

Saiba que você é forte

Muitas pessoas não apreciam o quanto são fortes. Fortes em suas determinações, na clareza dos propósitos e no coração. Você não precisa ter músculos para ter garra, paciência e resistência.

Tire um momento para sintonizar com a sensação de força interna. Você pode sentir a vitalidade natural na respiração, na vida contínua de seu próprio corpo. Lembre-se de um momento em que você se sentiu forte, talvez em sua vida social, trabalhando com ferramentas ou mantendo uma pose de ioga. Lembre-se de um momento em que algo lhe derrubou, mas você se levantou de novo: nessa recuperação está a verdadeira força. Sinta essas experiências em seu corpo hoje e tenha consciência do que é bom nelas.

Se preferir, mantenha contato com o sentimento de força enquanto lembra de um relacionamento difícil. Imagine a outra pessoa falando de modo ríspido, talvez fazendo críticas ou dizendo o que você deve fazer, enquanto você apenas se mantém forte bem lá no fundo. Continue voltando e reforçando esse sentimento. Você pode sentir nervosismo, incerteza ou tristeza — enquanto mantém raízes em sua própria força. Apenas isso — sentir-se forte durante um desafio — o ajudará a manter a calma e o foco quando o mundo estiver pintado de Vermelho.

4

Sinta o cuidado

Todos nós sabemos o que é cuidar de algo — talvez de uma amizade, um cônjuge ou um animal de estimação. Há uma sensação calorosa de conexão, de que algo bom está fluindo de você para eles.

É igualmente importante que *você* também sinta isso. Sentir a inclusão, a visibilidade, a valorização, o apreço ou o amor.

Almejar receber esse cuidado pode ser um pouco… constrangedor. Mas é um desejo bastante normal e que está arraigado na nossa biologia como seres muito sociais. Começando há 200 milhões de anos, com os primeiros mamíferos, nossos ancestrais evoluíram em grande parte por cuidarem melhor uns dos outros. Nossa espécie está por aqui por volta de 300 mil anos, a maior parte desse tempo em pequenos grupos de caçadores-coletores de 45 pessoas; ser exilado de um grupo desses poderia ser uma pena de morte e tornar--se importante para outras pessoas era crucial para a sobrevivência básica. As pessoas que não se importavam em se sentirem cuidadas eram menos prováveis de passar os genes. Não é novidade querer que outros cuidem de nós!

Hoje em dia, ter compreensão, valorização e amor pode não ser questão de vida ou morte. Mas os estudos mostram que sentir o cuidado reduz o estresse, aumenta as emoções positivas, incentiva a ambição e promove a resistência. Infelizmente, muitos vivenciam abandono, rejeição, humilhação ou abuso — inúmeras vezes durante a infância, quando somos mais vulneráveis. Mesmo que experiências passadas não deixem *feridas* — a presença do que é ruim —, muitas vezes há uma *escassez*, algo importante está faltando: a ausência do que é bom. Nós precisamos sentir o querer, o reconhecimento e a nutrição. *Suprimentos sociais* como esses alimentam o coração emocional assim como uma boa comida nutre o corpo. Por exemplo, eu não sofri bullying ou fui abusado, mas porque era muito tímido e muito jovem na escola, e meus pais eram ocupados, os suprimentos sociais que chegavam até mim eram como uma sopa aguada e eu sentia como se tivesse um grande buraco no meu coração.

Tanto para amenizar alguma dor antiga quanto para enfrentar o cotidiano, o cuidado é importante. Para mim, foi uma parte fundamental da minha cura. Não importa qual foi o seu passado e o quanto sua vida é difícil e isolada hoje, você sempre pode encontrar maneiras de sentir o verdadeiro cuidado e preencher qualquer buraco em seu coração pouco a pouco.

Como

Começaremos com a parte difícil: abrir-se para o cuidado pode trazer experiências passadas de quando você *não* se sentiu dessa forma. Talvez seus pais, ou até mesmo um cônjuge, tenham sido ausentes ou críticos. Pequenos momentos em que você ficou de lado, sentiu decepção ou humilhação, costumam deixar rastros. Tente permitir que esses sentimentos existam, aceite-os e os mantenha em um espaço amplo de consciência para que não sejam esmagadores.

Em seguida, respire e olhe para o outro lado da verdade: como *sentiu* o cuidado no passado e *ainda sente* hoje em dia. Eles existem mesmo! Existem na vida de todo mundo. Há uma variação de cuidado — de moderado para intenso, de inclusão, visibilidade e valorização ao apreço e até mesmo amor. Pode não ser perfeito ou constante, então talvez haja a tentação de pensar que não é o suficiente. Mas ainda é um nutriente verdadeiro para um coração faminto.

Construindo um banco de memórias emocionais

Portanto, procure pelos *fatos* sobre o cuidado ao longo do seu dia. A maioria será durante momentos breves quando uma pessoa for atenciosa, amigável ou interessada de maneira sincera. Podem ser pequenos, mas são reais e você pode transformar o reconhecimento no *sentimento* de cuidado. Tente desacelerar e viver com a experiência: Como é sentir a inclusão? Sentir a visibilidade ou a valorização? Qual é a sensação do cuidado no seu corpo? Como é sentir o apreço? O amor?

Fazer isso pode despertar temores de decepção, até mesmo traição, com base em sua história pessoal. É comovente e triste: nós ansiamos por cuidado, mas para evitar a decepção, talvez afastemos o sentimento. Se você tem essas dúvidas e temores normais, pense novamente no *fato* do cuidado que está no seu caminho.

Tente reconhecer fontes contínuas de cuidado para você. Por exemplo, lembre-se de um grupo que você gosta de fazer parte, alguém que respeita seu trabalho, suas amizades e seus familiares solidários ou um animal de estimação favorito. Eles sentem gratidão, gostam de você e querem o seu bem. Consegue respirar uma ou duas vezes e se abrir para esse sentimento?

Você também pode se lembrar de algum cuidado no passado. Talvez um de seus avós assando bolo, colegas de classe e professores, pais e mentores, pessoas que viram o que há de bom em você, abriram as portas e abençoaram seu caminho. Algumas dessas pessoas podem não fazer mais parte da sua vida, e você pode sentir um pouquinho de tristeza. No entanto, quando lembra do fato de terem cuidado de você no passado, consegue sentir o mesmo no presente.

Saiba o que é o cuidado. Viva com a experiência, abra o seu corpo e observe o que há de bom nela. Você pode deixar esses sentimentos bons e calorosos amenizarem as mágoas antigas como uma pomada cicatrizante, até mesmo oferecendo às camadas mais profundas do seu ser o que estava faltando quando você era mais jovem. Antes de dormir, lembre-se da sensação do cuidado e acomode-se nesse sentimento enquanto ele se infiltra na sua respiração, no seu corpo e nos seus sonhos. Para todos os efeitos, você está fazendo depósitos em um banco de memórias emocionais. Mais tarde, quando a vida ficar difícil e as outras pessoas tornarem-se sem noção ou frias, você pode sintonizar com a sensação de que você *sentiu* o cuidado e que *ainda* sente — não importa o que esteja acontecendo.

Seu comitê do cuidado

É normal ter diferentes subpersonalidades, perspectivas, "vozes" ou "energias" dentro de você e exploraremos essa ideia mais fundo no próximo capítulo. Por exemplo, existe uma parte de mim que ajusta o despertador para acordar cedo e me exercitar, e há outra parte na próxima manhã que diz: *Ah, hoje não. Voltando a dormir.*

Algumas partes acabam com a gente — *Foi um erro grave. Você continua estragando tudo. Ninguém nunca vai lhe amar* — enquanto outras nos desenvolvem com uma orientação realista, compaixão e gentileza. Algumas partes podem se juntar para formar um agressor interno enquanto outras podem formar um defensor. Infelizmente, para muitas pessoas o agressor é como o gigante Godzilla e o defensor é como o pequeno Bambi.

É útil reconhecer o agressor interno pelo que ele é: bem-intencionado, talvez, mas muito exagerado. Tente se afastar dele e não se identificar. Veja se ele tem algo útil para dizer e então desvie sua atenção para outro lugar. Em vez de argumentar, como algum chato na internet, foque em construir seu defensor interno.

Uma ótima maneira de fazer isso é desenvolvendo um tipo de *comitê do cuidado* interno que ajuda em uma variedade de coisas. Meu comitê inclui um sentimento internalizado de pessoas que me amaram, bons amigos, treinadores durões-mas-gentis, e professores espirituais. Eu tenho uma imaginação boba, então também há um

24 • Seja seu próprio cúmplice

tipo de Obi-Wan Kenobi, um Gandalf e as fadas madrinhas de *A Bela Adormecida*. Quando você estiver ao redor de pessoas cuidadosas — que talvez estejam ouvindo, oferecendo bons conselhos e torcendo pelo seu sucesso —, desacelere para receber a experiência e reforce pouco a pouco a base neural do seu defensor interno. Você pode até mesmo fazer uma pequena lista ou desenho de quem faz parte do seu comitê do cuidado.

Entre em sincronia com essas suas partes defensoras sempre que sentir mágoa ou solidão. Imagine-se ouvindo-as e recebendo apoio emocional e sábios conselhos como se houvesse um bom amigo lá dentro. Você pode imaginar que o comitê do cuidado está lhe defendendo do agressor interno; como um poderoso exercício, você pode escrever um diálogo acontecendo entre eles. Sinta que o seu comitê do cuidado está protegendo e nutrindo suas partes internas que são jovens, fracas ou vulneráveis — todos temos.

À medida que fortalece a sensação de cuidado de todas essas maneiras, você naturalmente tem mais cuidado com outras pessoas. De modo surpreendente, é bom para eles que *você* sinta o cuidado.

5

Aceite-se

Se você já passou algum tempo com crianças, pôde ver como era anos atrás. Nós nascemos completos, com tudo incluído — toda a variação de emoções e desejos. É como estar em uma grande mansão com todas as portas de todos os cômodos abertas.

E então a vida acontece. Tantas situações e pessoas, prazeres e dores... e as portas podem se fechar pouco a pouco, trancando o que estiver por dentro. Por volta de 1 ano e 3 meses (a idade das crianças estudadas na minha dissertação de doutorado), você consegue enxergar diferenças claras nessas pessoinhas. Algumas ainda são psicologicamente abertas e bem integradas. Porém, outras já estão afastando sentimentos específicos e tornando-se divididas por dentro — foi o que aconteceu comigo. Minhas primeiras memórias, dos 2 anos de idade em diante, são marcadas por cautela ao redor de outras pessoas. Conforme os anos foram passando, perdi contato com muitos sentimentos, em especial os mais brandos e vulneráveis. Eu ansiava por estar próximo de outros, mas tinha medo do que poderiam ver se eu baixasse a guarda.

Se você reprimir ou renegar partes da sua personalidade, o desgosto por quem você é pode vir em seguida, com a sensação de que há partes ruins, fracas, vergonhosas e não amáveis por dentro. Pode ser desagradável e tenso se afastar de tantas coisas. Acabamos nos diminuindo ao redor de outras pessoas para afastá-las de tudo o que não aceitamos sobre nós.

Como

É claro, alguns cômodos na mansão da mente contêm intensidades e impulsos que precisam ser controlados. Porém, pelo menos podemos construir janelas naquelas portas e observar o que há por trás delas. Você pode ter sabedoria e adequação no que revela sobre sua personalidade para outros ao mesmo tempo em que se revela por completo para *você*; isso estimula uma maior confiança e autoestima. Pode ter mais conforto em ser você ao redor de outros — ser uma pessoa mais aberta, mais vulnerável, mais *real* — sem precisar usar uma máscara ou focinheira social, ou se preocupar sobre julgamentos e aprovações.

Aceite suas experiências

No capítulo 2, exploramos como *sentir* o que está passando por sua consciência. Com essa perspectiva em vista sobre sua mente, você pode se abrir para todos os cinco aspectos principais das experiências:

- Pensamentos — crenças, interpretações, perspectivas, imagens, memórias.
- Percepções — sensações, visões, sons, gostos, odores.
- Emoções — sentimentos, atitudes.
- Desejos — pedidos, vontades, necessidades, ânsias, sonhos, valores, intenções, planos.
- Ações — posturas, expressões faciais, gestos, comportamentos.

Pergunte-se: *Até que ponto da lista anterior estou em contato com cada aspecto das minhas experiências? Há alguma que eu ignoro, afasto, temo ou nego — como raiva ou memórias específicas da infância?* Pessoalmente, pareceu que entrei na fase adulta anestesiado do pescoço para baixo. Eu tinha consciência dos meus pensamentos, mas o resto do meu mundo interior era como uma terra proibida que eu tinha que reconquistar pouco a pouco. De novo e de novo, de maneira lenta, mas precisa, práticas como as seguintes me ajudaram. Incentivo você a tentar:

1. A qualquer hora — tanto quanto estiver em um momento relaxante ou quando algo (ou alguém!) estiver incomodando — desacelere um pouco, respire fundo algumas vezes e estabilize uma sensação básica de força suave e cuidado.
2. Pergunte-se: O que estou sentindo agora? Dê um passo para trás e observe seus pensamentos... suas sensações por todo o seu corpo... emoções, tanto as suaves como a tristeza quanto as fortes como a raiva... seus desejos, de anseios gentis aos ferozes... e suas ações, incorporadas na postura, nas expressões faciais e nos movimentos. Permaneça no presente e acomode-se no testemunho do que você está vivenciando, crie uma conexão sem se deixar levar.
3. Tenha consciência da resistência, tensão e do afastamento de qualquer coisa — e veja se pode deixar de fazer isso. Tente suavizar e se abrir ao que é presente na consciência, deixando fluir como queira. Continue se abrindo para o que pode ser mais profundo, mais jovem, mais carregado e inquietante, mais vulnerável.

Se algo parece sobrecarregado demais, afaste-se, restabeleça uma sensação verdadeira de força suave e então veja se há como retornar para a consciência. Não há problema em se movimentar por entre vários aspectos da sua experiência. Pode ser útil nomear as coisas para você por um momento, como: *sentindo mágoa... tensão em meu estômago... ressentimento... pensamentos vingativos... me decepcionando com outras pessoas... memórias de infância...*

Tente aceitar o que você está vivenciando pelo que é, sem transformar em algo bom ou ruim, certo ou errado. Pode ser doloroso, ou prazeroso; de qualquer forma, está aqui, é uma experiência humana, está ocorrendo devido a várias causas e condições, muitas que se expandem além de você para outras pessoas, outros momentos e outros lugares. Você pode dizer de modo suave em sua mente: *Eu aceito que me sinto* _____. *Aceito que quero* _____. *Aceito que pensamentos sobre* _____ *estão surgindo.* Como Tara Brach, psicóloga e professora de atenção plena, afirma, você pode dizer: *Isso também me pertence.*

Observe o sentimento de aceitação de suas experiências. Esteja ciente de qualquer sensação maior de facilidade, centralidade, integridade e tranquilidade. Valorize-se por ter a coragem e a força de se abrir para tudo que possa surgir na consciência.

Aceite cada parte sua

O cérebro é um dos objetos físicos mais complexos conhecidos pela ciência. Dentro da cabeça há em torno de 85 bilhões de neurônios entre outras 100 bilhões de células de apoio, organizados em regiões diferentes — como o córtex pré-frontal, a amígdala e o tegmento — para realizar diferentes funções. Um neurônio típico realiza milhares de conexões com outros neurônios, dando a você uma ampla rede de centenas de trilhões de sinapses, cada uma funcionando como um pequeno microprocessador. Não é à toa que o neurocientista Charles Sherrington disse que o cérebro é um "tear encantado", tecendo sem parar a tapeçaria da consciência.

Já que o seu cérebro tem tantas partes, *você* também tem. Algumas podem ser rígidas e ansiosas; outras podem ser mais flexíveis e corajosas. Umas gostam de ordem, outras anseiam por indisciplina. Algumas são tagarelas, enquanto outras se comunicam por meio de imagens e sentimentos. Umas são adultas, outras sentem-se jovens. Algumas querem comer/beber/fumar uma molécula específica ou falar demais de maneira crítica ou até guardar ressentimento em relação a outros. Outras partes oferecem uma sabedoria interior profunda. Algumas querem se aproximar de outras pessoas, enquanto partes diferentes querem se afastar.

Partes que são elogiadas e recompensadas são impulsionadas e são o que muitas vezes apresentamos ao mundo. Partes que nos encrencaram quando éramos crianças costumam se esconder nas sombras, talvez com um sentimento de vergonha... ou talvez com uma fúria crescente. Quando reagimos de forma exagerada com outras pessoas, muitas vezes é porque vimos algo nelas que desprezamos e exilamos em *nós*.

Essa complexidade interior é muito reconhecida, desde Shakespeare ("ser ou não ser") e Freud ("id, ego, superego") até a teoria de Richard Schwartz sobre "sistemas familiares internos". Como o poeta Walt Whitman afirma, "eu contenho multidões." Isso é *normal* — e reconhecer que não é um problema só seu é um grande passo para se aceitar de maneira mais completa. (Conflitos internos extremos, fragmentação do eu e o que é conhecido como transtorno dissociativo de identidade exigem ajuda profissional que está além do escopo deste livro.) Cada parte de você está tentando ajudar, mesmo que de maneiras equivocadas. Você pode expandir o seu senso de identidade para incluir *tudo*, o que libera a tensão do conflito interno, faz uso dos dons de cada parte, facilita seu relacionamento com outros e traz uma sensação pacífica de totalidade interior. Exploraremos isso de três maneiras experimentais.

Em uma lista, um desenho ou na sua imaginação, identifique algumas das suas várias partes.

Dê um nome para cada parte com uma palavra ou frase. Por exemplo, eu poderia nomear algumas das minhas partes assim: criança rebelde, pai controlador, lenhador, monge, trabalhador persistente, guerreiro feroz, bobalhão, triste testemunha do mundo, incentivador e retirante ferido. Você pode ter criatividade e imaginar sua árvore da sabedoria, Athena, cobra, pateta ou estrela do rock interior. Tente reconhecer partes belas, importantes e valiosas em você — qualidades, intenções, tendências, intuições, capacidades — que talvez você tenha deixado de lado, afastado ou negado. Reconheça partes que você gostaria de oferecer para outras pessoas. O que quer que seja, é tudo você!

Em seguida, imagine que todas essas partes estão sentadas em silêncio em um círculo, talvez em uma grande mesa redonda. Tenha uma noção do seu âmago, o centro da consciência, bondade, sabedoria e decisão: a essência do seu "eu". Então, nesse centro, reconheça cada parte e, em sua mente, diga algo do tipo: *[Nome da parte], eu lhe reconheço. Você faz parte de mim. Está tentando me ajudar da sua maneira. Eu lhe incluo. Eu lhe aceito. Eu lhe agradeço.* Esteja ciente das suas reações em relação a várias partes de você, em especial àquelas que foram afastadas. Tente aceitar cada parte pelo que é. Aceite que a sua totalidade inclui cada uma, mesmo que você precise controlar. Lembre-se que você pode aceitar uma parte sem o sentimento de monopolização.

Explore diálogos com algumas de suas partes.

Uma maneira simples de fazer isso é imaginar que o centro do seu eu está conversando com uma parte: não tentando persuadir ou mudar, mas apenas escutando. Vejamos um breve exemplo de um diálogo com uma parte criançona:

> "EU" CENTRAL: Olá, criançona. Gostaria de conversar. Você tem um tempinho?
>
> CRIANÇONA: Tá! Mas não seja estraga prazeres.
>
> EU: Tudo bem, vou tentar. Você gosta de brincar?
>
> CRIANÇA: Sim!

EU: O que você gosta de fazer em especial?

CRIANÇA: Gosto quando corremos, nos divertimos e não trabalhamos o tempo todo.

EU: Você sente tristeza ou raiva por eu trabalhar demais?

CRIANÇA: Sim. Os dois!

EU: Agradeço por me contar. Algo mais a dizer?

CRIANÇA: Ai, agora não. Isso tá ficando um saco.

EU: Tudo bem, podemos parar. Agradeço por falar comigo.

Lembre-se de que seu "eu" central não precisa concordar com alguma parte ou com o que ela tem a dizer. Você pode continuar reestabelecendo uma sensação de força suave. Tente abrir-se para as atitudes e desejos das diferentes partes de você. De maneira interessante, quanto mais você permite que suas partes falem, mais elas tendem a se acalmar e a se tornarem conectadas e equilibradas umas com as outras.

Você pode aplicar essa noção de partes que existem em você a um conflito em particular ou em um relacionamento desafiador em geral.

Suponha que você acabou de discutir com seu cônjuge sobre uma crítica que ele ou ela fez. Você pode tirar uns minutos para se perguntar coisas assim — com algumas possíveis respostas em colchetes:

Quais partes de mim ficaram agitadas? [parte Mágoa; parte Raiva; parte Querendo Amor]

Tudo bem, vamos ouvir cada uma dessas partes. O que vocês têm a dizer? [parte Mágoa: Estou muito triste. Parte Raiva: Não é justo, vamos embora! Parte Querendo Amor: Só quero sentir o cuidado e não a mágoa e a distância.]

Há alguma parte que eu preciso ouvir mais? E expressar mais nesse relacionamento? [a parte Querendo Amor]

E há alguma parte que preciso tomar cuidado para não deixar me dominar? [sim, a parte Raiva]

Ahh. Agora que já acomodei todas essas partes, como me sinto? [provavelmente com mais calma e integração]

Levando em consideração todas elas, o que devo fazer? Qual é o melhor caminho a partir daqui? [dizer ao meu cônjuge que quero ouvir o que ele ou ela tem a dizer, mas sem o tom raivoso e as acusações]

Com práticas assim, você não vai sentir que está indo de um lado para o outro com essas "vozes" competitivas e reações interiores. Isso ajudará a ter mais honestidade e autenticidade com outras pessoas. Você não se identificará mais ou sentirá a sobrecarga de uma parte específica sua, com uma noção maior de quem você é por *completo*.

6

Respeite
suas necessidades

Nós vivemos de modo *dependente*, necessitando de muitas coisas para a sobrevivência física, para a felicidade, o amor e tudo o que queremos conquistar. Segundo após segundo, nossas vidas dependem de oxigênio, das plantas que o "exalam", do sol que estimula a fotossíntese e das outras estrelas que explodiram bilhões de anos atrás para fazer cada átomo do oxigênio da nossa próxima respiração. Desde o momento da concepção, também precisamos de outras pessoas. Você, eu e todo mundo é frágil, flexível, vulnerável, nós nos machucamos por coisas pequenas e somos famintos por amor. Quando aceitamos que isso é um fato universal, não somos tão rígidos com nós mesmos — e com outros.

Muitas pessoas se sentem carentes ou com vergonha de suas necessidades e desejos profundos. (Não tentarei criar picuinha entre o que é uma *necessidade* e o que é um *desejo profundo* e usarei os dois termos como sinônimos.) Mas necessidades são normais; todos temos. Apenas reconhecê-las pode acalmar e diminuir a autocrítica. O primeiro passo para que outras pessoas respeitem melhor suas necessidades é *você* começar a respeitá-las.

Como

Na sua mente, em voz alta, no papel ou com pessoas de confiança, tente um pequeno experimento em que você começa uma frase com: *Eu preciso de* _____ e complete o espaço. Em seguida, repita várias vezes. Apenas diga o que vier em mente, mesmo que pareça bobo. À medida que você completa a frase várias vezes, deve perceber que está ficando mais profundo, cada vez chegando em necessidades mais fundamentais. Quando parecer que já expressou tudo o que tinha a dizer, pelo menos por agora, tente diferentes hastes de frases, como: *Eu quero muito* _____... *Para mim, é importante sentir* _____... *Quando eu consigo o que quero, eu* _____. Em seguida, tente esse exercício novamente focando um ou mais relacionamentos específicos.

Depois, escolha uma de suas necessidades e diga coisas do tipo: *Eu preciso de* _____... *Eu aceito que realmente dou valor a* _____... _____ *é muito importante para mim... É algo normal e aceitável que eu precise de* _____. Tente suavizar seu interior e se ajudar a se sentir bem com essa necessidade.

Dê outro passo e pergunte-se se há uma necessidade mais profunda por baixo desta. Por exemplo, você pode dizer "preciso de mais elogios vindos da minha esposa ou do meu esposo." Mas elogios são um meio para justificar uma necessidade mais profunda, como a de senso de valor próprio. Podemos nos envolver demais ao tentar satisfazer necessidades superficiais, às vezes nos fixando em palavras ou comportamentos específicos de outras pessoas. Uma razão para isso é que pode parecer mais seguro falar sobre essas "representações" de necessidades profundas e vulneráveis. Por exemplo, quando nossos filhos eram mais novos, perguntei para minha esposa se ela poderia me abraçar quando eu chegasse em casa do trabalho. É claro, o afeto era bom, mas o que eu realmente precisava era sentir que eu ainda era importante para ela como ser humano, não apenas como pai — e era muito mais assustador dizer isso em voz alta. Mesmo que você consiga alguém para dizer coisas "verdadeiras", suas necessidades mais profundas podem não ser atendidas se *não forem* abordadas de maneira direta.

Uma vez que você identifica uma necessidade profunda, considere o que pode ser feito para honrá-la de maneira mais completa. (Você pode repetir esse processo também para outras necessidades.) Pode parecer que quanto mais profunda é a necessidade, maior a dificuldade de atendê-la. Porém, na verdade, as necessidades mais profundas são, em geral, sobre ter uma *experiência* importante, como sentir paz, contentamento ou amor. Quando você muda o seu foco da realidade tendo que ser de uma maneira específica — como receber um elogio ou um abraço — para o que você precisa *sentir* por dentro, então há muitos jeitos de ajudar-se a ter essa experiência. Isso é tão libertador! Pergunte-se: *O que eu sentiria lá dentro se os outros fizessem o que eu quero que façam ou digam?* E em seguida faça esta pergunta fundamental: *Como posso me ajudar a ter essa experiência sem me prender tanto ao que as outras pessoas fazem?*

Por exemplo, se você quer um senso maior de valor próprio, pode observar as maneiras que outras pessoas apreciam e valorizam você, sem que digam uma palavra. Pode reconhecer muitas das coisas que conquista em um dia e absorver o sentimento das suas capacidades. Antes de se levantar pela manhã ou ir dormir à noite, sintonize-se com sua bondade fundamental e seu cuidado por outros. Todas essas coisas estão dentro do seu poder. É certo que há um momento para falar magistralmente com outras pessoas — inclusive sobre as necessidades delas — e para uma sugestão de como fazer isso, por favor, leia os capítulos das partes quatro e cinco. Mas é muito fácil se prender em um sentimento de necessidades não atendidas porque as pessoas não agem da maneira correta, sabe?! Então você pode sentir o desamparo, até mesmo o desespero. É muito bom fazer um plano para aprender a como *você* deve respeitar suas necessidades de modo mais completo — em especial se você teve uma criação ou um tratamento que criticou e fez pouco caso de suas necessidades. Em vez de esperar que outras pessoas as atendam, assumir a responsabilidade por suas necessidades fornece autonomia, esperança e cura para que você possa sentir que elas estão sendo suficientemente atendidas. Embora dependamos de outras pessoas, podemos assumir a responsabilidade dentro desse campo, o que, com o tempo, ajudará você a ter mais eficiência quando for a hora de exigir algo de alguém.

Por último, considere como você também depende de... *você*. A pessoa que você é hoje foi presenteada de milhares de maneiras, grandes e pequenas, por versões anteriores. Como atletas em uma grande corrida de revezamento, você passa o bastão a cada dia para a sua próxima versão na manhã seguinte. Não importa os erros cometidos no passado, pense em algumas das muitas coisas que suas versões anteriores contribuíram para a sua vida: resolução de problemas, conquistas de objetivos, tarefas concluídas, relacionamentos nutridos, lições aprendidas. Como seria imaginar algumas dessas versões anteriores e agradecê-las?

Olhando para o futuro, considere como ele depende do que você é hoje. Sem pressão, de maneira gentil, absorva a ideia de que seu futuro está contando com você, agora. O que será importante para esse ser que você se tornará? O que você pode fazer neste ano, neste dia, que tornaria possível para essa pessoa viver com segurança, saúde, felicidade e facilidade?

7

Tenha autocompaixão

Pense em algum conhecido ou estranho que esteja sofrendo. Ele pode estar sentindo a exaustão de um longo dia de trabalho ou preocupação com os filhos. Pode estar lidando com uma doença crônica, sentindo estresse por conta de dinheiro ou solidão desejando alguém para amar.

Se você conhecesse a dor de outra pessoa, provavelmente sentiria compaixão por ela. Teria empatia pela situação, uma preocupação e daria uma generosa importância, além do desejo de ajudar se possível.

Mas quando quem está sofrendo é você, com que frequência você tem compaixão pela sua situação? Muitas pessoas acham muito mais fácil sentir empatia e apoiar outras em vez delas mesmas.

Porém, muitas pesquisas mostram que a autocompaixão possui muitos benefícios. Começando com o trabalho revolucionário da professora Kristin Neff, estudos descobriram que a autocompaixão torna as pessoas mais resistentes, confiantes e ambiciosas. Diminui o estresse, reduz a autocrítica severa e impulsiona a autovalorização. Em um relacionamento desafiador, a autocompaixão amenizará o impacto de outras pessoas, suavizará sua raiva e ajudará você a interagir de maneira mais respeitável e sincera. *Não* é para se afundar em pena; aquilo tornará você mais forte e não o contrário. Quando a vida derrubar você, comece tendo autocompaixão e depois reflita sobre o que fazer.

Como

Sofrimento é um termo amplo que cobre tanto a dor física quanto a mental, de sutil a intensa. Não é tudo na vida, mas, com certeza, faz parte para todos — e, infelizmente, uma grande parte para muitos. Sofrimento mental inclui experiências de tristeza, medo, mágoa e raiva, bem como estresse, pressão, entorpecimento, solidão, frustração, decepção, culpa, vergonha, pensamentos negativos, autocríticas e basicamente qualquer sensação de que algo está errado ou faltando. A vida é dura para todo mundo; todos nós carregamos fardos; perdemos quem amamos, enfrentamos doenças, envelhecimento e morte.

Você pode parar um momento para sintonizar no seu próprio sofrimento? Pode ser apenas um sentimento no fundo de fadiga, um incômodo sobre conseguir fazer tudo hoje ou uma dor fraca no coração por algum relacionamento específico. O que quer que seja, existe e é real.

Nosso sofrimento é resultado de muitas coisas, tanto por dentro quanto por fora. Independentemente de sua origem, dor é dor, não importa a causa, e você pode levar compaixão até ela. Pode ter autocompaixão, mesmo que se sinta responsável por seu próprio sofrimento.

Uma vez que você reconhece seu sofrimento — permitindo-o, não o afastando —, pode cuidar dele e apoiá-lo. A compaixão é agridoce: há o amargo do sofrimento e a doçura dos bons votos e da preocupação terna. Enquanto ciente do amargo, foque principalmente a doçura. Se sua atenção for desviada para a dor ou vagar nas críticas voltadas para você ou para os outros, volte para o sentimento de cuidado e apoio — repetidas vezes se necessário.

Quando sentimos compaixão, há um movimento natural em direção a fazer o que pudermos para aliviar o sofrimento. Porém, às vezes não há nada que possamos fazer. Sua compaixão ainda é genuína e importa de sua própria maneira, mesmo quando não há nada que você possa "consertar". Mesmo quando você estiver lidando com situações intratáveis — talvez um de seus irmãos não fale com você ou você está em um emprego estressante para manter seu plano de saúde —, ainda há como levar afeição e respeito por você até elas.

Digamos que você está sentindo tensão, até mesmo chateação, em um relacionamento complicado. Experimente esta prática estendida de autocompaixão:

> *Comece entrando em contato com o sentimento de calma e força... e de cuidado. Em seguida, pense em alguém importante... reconheça o sofrimento dessa pessoa... encontre compaixão por ela... e saiba o que é sentir empatia.*
>
> *Depois, tenha consciência do que você está passando nesse relacionamento complicado. Foque principalmente suas emoções, sensações e seus desejos, e tente não se envolver com eventos passados já discutidos. Você pode nomear levemente os aspectos do seu sofrimento, como: tristeza... irritação... um pouco de choque... muito cansaço... preocupação... um peso na boca do estômago... me sentindo como uma criança sendo levada para a sala do diretor... a garganta está fechada... memórias de exclusão de uma panelinha no ensino médio... a mente em turbilhão sobre o que eu deveria ter dito... por que ninguém me defende?!... muita raiva... mágoa, na verdade, muita mágoa...*
>
> *Enquanto reconhece o que está sentindo, encontre compreensão e carinho por você, assim como encontraria se fosse uma de suas amizades passando pela mesma situação. Você pode imaginar-se em uma cadeira na sua frente ou ter uma noção de onde está sentindo a chateação. Seja qual for a maneira certa, seu carinho, preocupação e apoio estão fluindo em direção ao sofrimento. Na sua mente,*

*você pode dizer coisas suaves, como: Sim, isso é difícil...
sim, magoa... está tudo bem me sentir dessa forma, outras
pessoas também passam por isso... que eu não sofra... que
isso passe... que eu fique em paz... Você pode reconhecer a
nossa "humanidade em comum", que todos sofremos porque somos humanos, você não está por conta própria, que
ao redor do mundo todo agora muitas pessoas estão sentindo algo semelhante ao que você está.*

*Pode parecer que o calor e a boa vontade estejam saindo
de você em ondas indo em direção ao sofrimento. Imagine
ou sinta que a compaixão está entrando em contato com
ele, talvez se afundando em lugares que estão magoados
dentro de você ou se comunicando com suas versões mais
jovens. Você pode levar uma de suas mãos até o coração ou
a bochecha, ou envolver-se em um abraço, para aprofun-
dar-se no sentimento de tudo isso.*

*Em seguida, faça uma pequena curva e explore o sen-
timento de receber a autocompaixão. Como é esse sentimento? Consegue deixá-lo entrar? De algumas maneiras,
você consegue sentir o reconhecimento, a compreensão e o
apoio — mesmo que só você?*

À medida que termina a prática da autocompaixão, você pode
ver se há qualquer intuição ou intenção sobre ações hábeis que pode
tomar para esse relacionamento complicado — na sua mente, com
suas palavras ou em suas atitudes. Você pode se imaginar nessas
ações, experimentando seus benefícios e motivando-se a dar esses
passos para seu próprio bem e pelo de outros.

8

Saiba que você é uma boa pessoa

Para muitos, é difícil acreditar em: *Eu sou basicamente uma boa pessoa*. Você pode trabalhar muito, aprender e ajudar outros — mas sentir a profunda convicção de que você é do bem de verdade? Não!

Acabamos *não* nos sentindo como boas pessoas de várias maneiras. Você pode ter recebido muitas críticas, humilhações, repreensões moralistas e mais críticas durante a infância — talvez mais disso tudo na idade adulta. Você pode ter passado por experiências de inutilidade, inadequação e falta de amor, talvez também com sentimentos de culpa e remorso. Quase todo mundo — incluindo eu mesmo — já fez, pensou ou disse algo ruim. Coisas como atropelar um animal, arriscar a vida dos filhos enquanto dirigia sob o efeito de álcool, ser cruel com uma pessoa vulnerável, roubar de uma loja ou trair um cônjuge. Não precisa ser um crime para fazer alguém se sentir uma má pessoa.

É claro, há espaço para um remorso saudável. Mas sobressair por nossos lapsos de integridade é uma bondade básica e penetrante. No fundo, quase todas as intenções são positivas, mesmo que expressadas de maneiras problemáticas. Quando não estamos sentindo uma agitação causada pela dor, pela perda ou pelo medo, o cérebro humano adota um equilíbrio básico de calma, contentamento e cuidado. E de maneiras que possam parecer misteriosas e profundas, você pode sentir um amor inato — e talvez transpessoal — e benevolência no âmago do seu ser.

Sério, a verdade, o *fato*, é que você é basicamente uma boa pessoa! Quando sente a sua bondade natural, é mais provável que você tenha atitudes boas. Conhecendo sua bondade, você reconhece melhor a bondade em outros. Vendo o que há de bom em você e em outros, é mais provável que você faça o possível para desenvolver a bondade no mundo em que vivemos.

Como

Aprendi cinco maneiras eficazes de me sentir como uma boa pessoa — e sinta-se à vontade para adicionar mais.

1. **Aceite o que há de bom no sentimento de cuidado** — Quando existe a chance de sentir a inclusão, compreensão, apreciação ou amor, fique com essa experiência por um instante ou mais, deixe-a preencher seu corpo e sua mente, mergulhando nela enquanto ela entra em você.

2. **Reconheça a bondade em seus pensamentos, suas palavras e ações** — Por exemplo, reconheça suas intenções positivas, mesmo que nem sempre tenham sucesso. Observe quando você freia a raiva, restringe impulsos viciantes ou oferece compaixão e ajuda outras pessoas. Tente apreciar sua garra e determinação, gentileza, coragem, generosidade, paciência e prontidão para enxergar a verdade, seja ela qual for. Está reconhecendo *fatos* sobre você. Crie um tipo de santuário em sua mente para esse reconhecimento e proteja-o de pessoas que se engrandecem ao fazer outras sentirem-se pequenas.

3. **Sinta a bondade no âmago do seu ser** — Está dentro de todo mundo, mesmo quando às vezes é difícil de sentir ou ver. Pode ser bastante íntimo, talvez até sagrado. Uma força, uma corrente, uma nascente em seu coração.

4. **Veja a bondade em outros** — Reconhecer a bondade em outras pessoas ajudará a sentir a sua. Você pode observar pequenos atos de justiça, bondade e esforços honoráveis em outros. Sinta as camadas mais profundas por trás da aparência, os anseios interiores de serem decentes e amáveis, de contribuir, de ajudar, em vez de causar danos.

5. **Entregue-se à bondade** — Cada vez mais, deixe os "anjinhos no ombro" serem a força a animar sua vida. Você pode escrever uma cartinha em que diz, de maneira sincera, por que você é basicamente uma boa pessoa; de tempos em tempos, leia de novo — e acredite nela. Em situações ou relacionamentos complicados, pergunte-se, *Como uma boa pessoa, o que é apropriado aqui?* À medida que você age com bondade, deixe o conhecimento de que você é uma boa pessoa ir cada vez mais fundo.

Aproveite esta bela bondade, tão real e tão verdadeira.

9

Confie em você

Durante minha infância, em casa e na escola, parecia perigoso ser eu mesmo — minha versão completa, incluindo as partes que cometiam erros, eram rebeldes e raivosas, brincavam demais ou eram esquisitas e vulneráveis. Eu não tinha medo da violência, como muitos já enfrentaram, mas sentia o risco de ser punido de outras formas, ou rejeitado, evitado e humilhado.

Então, como fazem as crianças, vesti uma máscara. Fechei-me, observando tudo com cautela, administrando o desempenho do "eu". Havia uma válvula na minha garganta: sabia o que pensava e sentia lá no fundo, mas pouco era exibido para o mundo.

Do lado de fora, parecia que eu não confiava em outras pessoas. Sim, eu precisava ter cuidado com algumas delas. Mas, principalmente, não confiava em *mim mesmo*.

Não confiava que minha verdadeira versão era boa e amável o bastante — e que tudo ainda ficaria bem se eu me encrencasse. Não tinha confiança em minhas profundidades, que elas já continham bondade, sabedoria e amor. Não confiava no processo em desenvolvimento de viver sem um controle restrito. Duvidava de mim, do meu valor, das minhas possibilidades.

Então, eu vivia acanhado, indo bem na escola e feliz, às vezes, mas principalmente alternando entre a apatia e a dor.

Nos oito estágios do desenvolvimento humano de Erik Erikson, o primeiro, o fundamental, é sobre "confiança básica". Ele focou a confiança/desconfiança do mundo externo (especialmente nas pessoas que nele vivem) e, com certeza, isso é importante. No entanto, muitas vezes parece que pensar que *o mundo não é confiável* é, no fundo, *eu não confio em mim para lidar com ele.*

Tem sido uma longa jornada desenvolver mais fé em mim mesmo, ser mais positivo, relaxar mais, ser mais flexível, assumir mais riscos, cometer erros e então consertar e aprender com eles, e parar de me levar tão a sério.

É claro, as coisas podem dar errado às vezes quando você tem muita autoconfiança. Mas elas também podem dar *muito* errado e continuar erradas quando você confia menos em si.

Como

Ninguém é perfeito. Você não precisa ser para relaxar, dizer o que realmente sente e dar uma chance completa para a vida. A imagem integral e a visão ampla são o que mais importa. Sim, controle restrito e uma personalidade bem-feita podem trazer benefícios a curto prazo. Porém, a longo prazo, os custos são muito maiores, incluindo estresse, verdades reprimidas e alienação interior.

Com bondade e autocompaixão, olhe para você. Você tem dúvidas e se reprime por medo de parecer uma pessoa ruim ou de falhar — incluindo em relacionamentos importantes? Se imaginar sua versão completa em voz alta, existe a expectativa da rejeição, do desentendimento e do ataque de humilhação?

Talvez você tenha internalizado as críticas de outras pessoas e se concentrado no que acha que há de errado com você.

E não está enxergando suas qualidades.

Quando você relaxa e se permite ser sua versão natural, como se sente? Como os outros respondem? Quando você tem autoconfiança, o que consegue conquistar, tanto em casa quanto no trabalho?

Claro, tenha cautela quanto ao mundo exterior e reconheça quando é realmente insensato abandonar, se arriscar e se manifestar.

E guie seu mundo interno com um pai ou mãe amoroso, reconhecendo que nem todo pensamento, sentimento ou desejo deve ser expressado de forma verbal ou física.

Enquanto isso, se você é como eu e como cada pessoa que já conheci que decidiu confiar em sua versão mais profunda, encontrará muitas coisas certas lá dentro: muito conhecimento sobre o que é verdadeiro e o que é importante, muita vida e muito amor, muitos presentes esperando para serem entregues, muitas forças. Pense em um relacionamento importante, talvez complicado, e considere o que poderia melhorar se você tivesse mais autoconfiança.

Seja sua versão mais completa; é nela que você pode confiar. Neste dia, nesta semana, nesta vida — veja o que acontece quando aposta em você, quando apoia seu próprio jogo. Veja o que acontece quando você faz o exercício de autoconfiança, sabendo que irá se segurar quando cair para trás.

10

Presenteie-se

Você consegue se lembrar de um momento em que presenteou alguém? Talvez um presente de Natal, um doce para uma criança ou uma ajuda para algum amigo. Como se sentiu? Cientistas descobriram que presentear estimula algumas das mesmas conexões neurais que se acendem quando sentimos prazer físico.

Também há o *recebimento*. Consegue se lembrar de um momento em que alguém lhe deu algo? Talvez uma coisa palpável, algo que você conseguia segurar nas mãos, ou talvez tenha sido um momento de afeição, um pedido de desculpas, ou um ombro amigo. Fosse o que fosse, como você se sentiu? Provavelmente muito bem.

Bem, se você dá presentes… para você… é uma promoção dois-por-um! Além do mais, há o bônus de que está tomando uma atitude, em vez de agir com passividade. Isso ajuda a reduzir qualquer tipo de "desamparo aprendido" — uma sensação de futilidade e derrota, que não há nada que você possa fazer para melhorar uma situação — que estudos mostram que é fácil de desenvolver e uma ladeira escorregadia até a depressão. Outro bônus é tratar você como merece, o que é especialmente importante se você já sentiu como se não fosse importante o bastante para outras pessoas, talvez quando criança.

Mais adiante, quando você se presentear mais, terá mais a oferecer para outras pessoas, pois o seu cálice estará transbordando. Quando as pessoas vivenciam um bem-estar maior, elas são mais propícias a serem mais gentis, pacientes e a cooperarem mais.

Como

Você pode se presentear de várias maneiras, muitas delas não sendo palpáveis e em pequenos momentos durante o cotidiano. Por exemplo, enquanto escrevo isso, um presente simples para mim é me afastar do teclado, respirar fundo, olhar pela janela e relaxar. É um presente possível.

Não fazer alguma coisa também pode ser um presente: não beber aquela terceira cerveja, não ficar até tarde assistindo a televisão, não se envolver em uma discussão desnecessária, não dirigir muito rápido...

Você pode observar muitas oportunidades que acontecem todos os dias para se presentear com coisas simples, porém belas e poderosas. Pergunte-se diariamente: *Com o que posso me presentear?* Ou: *O que é uma coisa que eu desejo e que está dentro do meu alcance?* Ou: *Neste relacionamento, qual é o maior presente que eu poderia me dar?* Então, tente agir.

Focando um período mais longo, pergunte-se: *Como posso me ajudar durante esta semana? Este ano?* Até mesmo: *Esta vida?* Tente continuar ouvindo as respostas, deixando-as soar de novo e de novo no espaço aberto da consciência.

Você pode imaginar um ser muito bondoso e tirar um momento para estar ciente do que ele está oferecendo — e depois abrir-se para oferecer o mesmo a você.

Conhecendo seu generoso coração e o que você oferece aos outros, consegue oferecer o mesmo a você? Por bondade e sabedoria, carinho e apoio, deixe os presentes fluírem para aquele ser neste mundo sobre quem você tem mais influência e, portanto, com quem você tem o maior dever de cuidado — aquele que tem o seu nome.

11

Perdoe-se

Todo mundo erra. Eu, você, os vizinhos, a Madre Teresa, o Mahatma Gandhi, todos.

É importante reconhecer os erros, sentir o remorso apropriado e aprender com eles para que não aconteçam de novo. Mas a maioria das pessoas continua se culpando muito além do ponto de utilidade.

Existe um tipo de crítico e protetor interior dentro de cada um de nós. O crítico continua tagarelando, procurando por alguma coisa, qualquer coisa, para culpar. Ele amplifica pequenos fracassos e os transforma em grandes, pune você por coisas já superadas e não dá créditos por seus esforços de se redimir.

Se você for como eu e como a maioria das pessoas que conheço, realmente precisa de uma defesa do seu protetor interior: que ele coloque suas fraquezas e erros em perspectiva, destaque suas muitas qualidades boas junto com seus erros ocasionais, incentive a voltar à estrada principal se você pegou um desvio e, sinceramente — para dizer para o crítico interior *dar um tempo*.

Com o apoio de seu protetor interior, você pode enxergar com clareza, sem temer parar no fundo do poço com uma sensação horrível. E você pode arrumar qualquer bagunça que fez da melhor maneira que puder e seguir em frente. O propósito benéfico da culpa, da vergonha ou do remorso é o *aprendizado* — não a punição! — para que você não cometa o mesmo erro de novo. Qualquer coisa que não seja sobre aprendizado é, em grande parte, um sofrimento desnecessário. Além do mais, culpar-se por ser uma "pessoa ruim" dificulta mais ainda ser uma "pessoa boa", já que o excesso de culpa enfraquece a energia, o humor e a confiança.

Ver os erros com clareza, assumir a responsabilidade com o remorso apropriado enquanto se redime da melhor maneira possível e, em seguida, ficar em paz — é o que quero dizer com perdoe-se.

Como

Comece escolhendo algo relativamente pequeno e então tente um ou mais dos métodos a seguir. Eu os escrevi em detalhes, mas você pode captar a essência em poucos minutos ou menos. Depois, se quiser, evolua para problemas maiores.

Vamos lá:

- Comece entrando em contato com o sentimento de cuidado vindo de alguém, uma amizade ou um cônjuge, um ser espiritual, um animal de estimação ou alguém do seu passado. Abra-se às sensações para que os aspectos desse ser, incluindo o cuidado por você, entrem em sua mente como partes do seu protetor interior.

- Continuando com o sentimento de cuidado, liste algumas das suas muitas qualidades boas. Você pode perguntar para o protetor interior o que ele sabe sobre você. São fatos, não bajulações, e você não precisa de uma auréola para ter qualidades boas como paciência, determinação, legitimidade ou bondade.

- Escolha algo pelo qual você sente culpa. Reconheça os fatos: o que aconteceu, o que estava passando pela sua mente naquele momento, o contexto e a história relevantes, e os resultados para você e para outras pessoas. Note quaisquer fatos que são difíceis de encarar, como o olhar no rosto de uma criança quando você gritou com ela, e abra-se de modo específico para eles; são o que estão prendendo você. A verdade é sempre o que nos liberta.

- Classifique o que aconteceu em três categorias: erros morais, inabilidade e todo o resto. Erros morais merecem culpa, remorso ou vergonha *proporcionais*, assim como correção. Porém, inabilidade pede apenas por correção; esse ponto é muito importante. Você pode perguntar para outras pessoas o que elas pensam sobre essa classificação, inclusive para as que você magoou, mas apenas você pode decidir o que vai em cada categoria. Por exemplo, se você fofocou sobre alguém e aumentou um erro cometido por outra pessoa, você pode decidir que a mentira exagerada é um erro moral que merece uma pitada de remorso, mas fofoca casual é apenas inábil e deve ser corrigida (por exemplo, não fofocando de novo) sem precisar se punir.

- De maneira honesta, assuma a responsabilidade por seu erro moral (ou erros) e inabilidades. Diga em sua mente ou em voz alta (ou escreva): *Eu sou responsável por* _____, _____ *e* _____. Permita-se *sentir*.

- Em seguida, adicione: *Mas eu NÃO sou responsável por* _____, _____ *e* _____. Por exemplo, você não é responsável por interpretações erradas ou reações exageradas de outras pessoas. Além do mais, apenas porque alguém está irritado ou magoado com você não significa *de fato* que você fez algo errado. Deixe o alívio de que você *não é* responsável por algo entrar. O fato de que você tem o direito de decidir pelo que é responsável permite realmente admitir o que *é* de sua responsabilidade.

- Reconheça o que você já fez para aprender com essa experiência, para consertar as coisas e se redimir. Deixe esse sentimento assentar. Tente se apreciar por tudo isso. Em seguida, decida o que ainda há para ser feito, se for o caso

— dentro de sua própria mente ou no mundo —, e faça. Sinta que está agindo e aprecie isso também.

- Agora, verifique com seu protetor interior: Existe algo mais que você deva enfrentar ou fazer? Ouça aquela voz calma e firme da consciência, tão diferente do escárnio violento do crítico. Se você sabe que realmente algo ainda precisa ser feito, cuide disso. Mas, do contrário, reconheça em seu coração que o que precisava ser aprendido já foi aprendido e o que precisava ser feito já foi feito.

- Perdoe-se. Diga em sua mente, em voz alta, escrevendo ou talvez para outras pessoas em declarações como: *Eu me perdoo por* _____, _____ *e* _____. *Eu assumi a responsabilidade e fiz o que pude para tornar as coisas melhores.* Você pode pedir para seu protetor interno lhe perdoar. Você pode pedir para outras pessoas fazerem o mesmo, incluindo talvez a pessoa que você magoou. Leve o tempo necessário com esse passo.

- Talvez você precise refazer um ou mais passos anteriores mais algumas vezes para realmente se perdoar, e tudo bem. Permita que a experiência do perdão entre. Você pode se abrir para ela com o corpo e o coração e refletir sobre como isso ajudará outras pessoas a perdoarem você.

Que você esteja em paz.

PARTE DOIS

Aqueça o coração

12

Alimente o lobo do amor

Você se lembra do conto na introdução do livro, de que tudo dependia do que alimentávamos a cada dia? Essa história sobre os dois lobos sempre me deixa arrepiado quando penso nela. Quem não tem um lobo do amor e um lobo do ódio no coração?

Eu sei que eu tenho. O lobo do ódio sempre aparece quando fico com raiva, desdenhoso ou autoritário. Mesmo que só apareça dentro da minha mente — e às vezes, com certeza, vaza para o lado de fora!

Nós temos esses dois lobos porque os *desenvolvemos*. Ambos eram necessários para manter nossos ancestrais vivos em seus pequenos grupos de caça enquanto competiam intensamente com outros grupos por recursos escassos. Como consequência, os genes que foram passados incentivaram a cooperação *dentro* de um grupo e a agressão *entre* os grupos. O lobo do amor e o lobo do ódio foram trançados no DNA humano.

Assim que enxergamos outras pessoas como "não membros da tribo", seja em casa, no trabalho ou nas notícias da noite, o lobo do ódio levanta a cabeça e olha ao redor procurando por perigo. Então, se sentimos ameaça, desespero ou que estão nos tratando mal, o lobo se levanta em um pulo e procura por alguém para uivar.

Embora o lobo do ódio tenha tido uma função na Idade da Pedra, hoje ele gera desconfiança e raiva, úlceras, doenças cardíacas e conflitos com outras pessoas em casa e no trabalho. Em um mundo cada vez mais interconectado, quando ignoramos, tememos ou atacamos "ele", muitas vezes "nós" recebemos uma mordida em resposta.

Como

Odiar o lobo do ódio só o torna mais forte. Em vez disso, você pode controlá-lo e canalizar sua chama de formas saudáveis com proteção e autoconfiança. E você pode evitar alimentá-lo com medo e raiva.

Entretanto, é muito importante alimentar o lobo do amor. À medida que você desenvolve maior compaixão, bondade e habilidades interpessoais, se torna naturalmente mais forte e paciente e tem menos irritação e ressentimento. Isso ajuda a evitar conflitos inúteis, a tratar melhor outras pessoas e ameaçá-las menos. Então, é provável que você receba um melhor tratamento vindo *delas*.

O lobo do amor é tanto para você quanto para outras pessoas. Ele pode ser alimentado quando você se torna seu próprio amigo, como já discutimos. Por exemplo, aceite as coisas boas resultantes de experiências de visibilidade, apreço e amor. Tenha autocompaixão. Esteja ciente da sua decência e bondade; saiba que você é basicamente uma boa pessoa.

Você também pode alimentá-lo ao se importar com outras pessoas de maneiras que ainda serão exploradas no resto do livro. Por exemplo, pode enxergar o sofrimento delas e desejar o bem. Reconhecer a bondade em outros. Assumir uma posição fundamental de não prejudicar todos os outros seres. Aceitar essas experiências e dar espaço para o lobo do amor no seu coração.

Você pode ver a bondade no mundo e no futuro que podemos fazer *juntos*. Embora o lobo do ódio possa dominar as manchetes, o lobo do amor é, na verdade, muito mais penetrante e poderoso. Durante a maior parte do tempo da humanidade nesta terra, a vida cotidiana com outros no grupo foi fundamentada em compaixão e cooperação — o que o professor Paul Gilbert nomeou como *cuidado e compartilhamento*. É nosso direito inato e nossa possibilidade.

Em outras palavras, alimentamos o lobo do amor com o coração e com esperança. Nós o alimentamos com a percepção do que há de bom em outras pessoas, em nós, no mundo e o que pode ser ainda melhor no que podemos construir juntos.

Precisamos ser fortes e focar o que sabemos que é verdade, apesar da tendência do cérebro de se concentrar em ameaças e perdas, e apesar da velha manipulação de vários grupos que jogam com medo e raiva — *que alimentam o lobo do ódio* — para ganhar ainda mais riqueza e poder.

Então vamos ser fortes e nos concentrar no que há de bom ao nosso redor e dentro de nós. Vamos ser fortes e nos concentrar uns nos outros.

13

Enxergue o interior de alguém

Imagine um mundo em que as pessoas interajam umas com as outras como formigas ou peixes. Imagine ser indiferente à vida interior de outras pessoas enquanto elas são indiferentes à sua.

Esse é um mundo sem empatia.

Sua empatia fornece uma noção dos sentimentos, dos pensamentos e das intenções de outras pessoas. Enquanto isso, a empatia delas ajuda a você a se sentir "sentido", nas esplêndidas palavras do professor Dan Siegel. Quebras de empatia abalam as bases de um relacionamento. Apenas lembre-se de um momento em que você não sentiu compreensão — ou, até pior, um momento em que outra pessoa apenas nem se importou em tentar te entender. Qualquer pessoa vulnerável, como uma criança, possui uma necessidade especialmente forte de empatia, e a falta dela é muito perturbadora.

A empatia é consoladora, calmante e constrói bons relacionamentos. Quando está presente, é muito mais fácil de resolver problemas com outros. A empatia oferece muitas informações úteis, como o que tem mais importância para alguém ou o que realmente está incomodando esta pessoa. Em minha experiência como terapeuta, empatia fraca é o problema principal na maioria dos relacionamentos conturbados. Sem ela, poucas coisas boas são prováveis de acontecer. Porém, quando duas pessoas possuem empatia, até mesmo os problemas mais difíceis podem ficar melhores.

Por exemplo, uma pessoa da minha família tinha um grande coração, mas uma personalidade irritante que me deixava maluco. Por fim, comecei a imaginar que estar com ela era como olhar para uma fogueira através de uma treliça coberta por videiras espinhosas. Me concentrei e senti empatia por seu amor genuíno por mim que ultrapassava as videiras. Isso foi muito útil.

Indo mais fundo, quando você tem empatia, demonstra para os outros que eles existem para você como seres, não como um Isso — no modelo de relacionamentos de Martin Buber —, mas como um Você para o seu Eu. Você está reconhecendo que há uma pessoa por trás da aparência, alguém que sente dor e prazer, que possui dificuldades e desejos de uma vida mais fácil. Essa sensação de reconhecimento costuma ser o que as pessoas mais querem; é mais fundamental do que qualquer problema em evidência.

Como

Empatia é completamente natural. À medida que evoluímos, o cérebro desenvolveu três regiões que nos oferece uma noção do mundo interior de outras pessoas:

- **Empatia por ações** — *Circuitos espelhados*, incluindo a junção entre os lobos *temporal* e *parietal* nos lados do cérebro, ativam-se tanto quando você desempenha uma ação intencional — como pegar um copo — quanto em momentos em que você apenas imagina outra pessoa fazendo o mesmo.
- **Empatia por emoções** — Uma parte do cérebro chamada *ínsula* (por dentro dos lobos temporais) está envolvida com a autoconsciência, incluindo as sensações internas e os sentimentos de impulso. Quando você sente, digamos, tristeza, sua ínsula fica mais ativa; quando você percebe a tristeza em outra pessoa, a ínsula também pode ser ativada,

dando para você uma sensação "de dentro para fora" do que ela está sentindo.

- **Empatia por pensamentos** — Por volta dos 3 ou 4 anos de idade, o *córtex pré-frontal* (atrás da testa) foi capaz de deduzir o que outras pessoas estavam pensando e planejando. Nós usamos essas capacidades para formar o que é chamado de *teoria da mente* sobre o mundo interno de outras pessoas.

Podemos desenvolver essas capacidades inatas de maneiras simples e práticas no cotidiano. Por meio da neuroplastia positiva, ao envolver o circuito neural básico da empatia, você pode fortalecê-lo.

Bases da empatia

Lembre-se que a empatia não é um acordo ou aval. Por exemplo, você pode sentir empatia por alguém que lhe magoou ou que é irritante; você não está renunciando seus direitos. Também não precisa resolver o problema de alguém só porque sente empatia por ele. Além do mais, podemos ter empatia por estados mentais *positivos* em outros, como compartilhar da alegria sobre um sucesso no trabalho ou o nascimento de um neto ou de uma neta.

Você pode começar respirando fundo algumas vezes e se ajudando a sentir mais calma e mais força. Estudos descobriram que, de forma contraditória, um pouco de distanciamento pode nos ajudar a receber melhor outras pessoas, especialmente se a situação estiver ficando intensa. Como diz o velho ditado, boas cercas fazem bons vizinhos.

Se você está no meio de um conflito, terá mais empatia se deixar de lado qualquer julgamento raivoso sobre a outra pessoa, pelo menos por um tempo. Tente ter uma noção do interior dela, que talvez esteja agitado, defensivo e agindo de maneira problemática, porém apenas desejando felicidade e alguma maneira de seguir em frente na vida.

Reforçando a empatia

Comece com uma atitude curiosa, especialmente com pessoas que você conhece bem. Depois, veja o que acontece quando você foca a respiração, a postura, os gestos e as ações delas. Imagine como seria mover o seu corpo de maneiras semelhantes.

Concentre-se nas emoções, incluindo as mais leves posições expressadas de maneiras agressivas ou raivosas. Abra-se para os seus sentimentos de impulso, que podem ressoar com os de outras pessoas. Pergunte-se o que você estaria sentindo no lugar delas.

Tenha curiosidade sobre pensamentos, memórias, expectativas, necessidades e intenções de outras pessoas. Forme pequenas hipóteses em sua mente sobre o que pode estar acontecendo lá dentro. Leve em consideração o que você sabe sobre a história pessoal delas — inclusive com você — e os temperamentos, as prioridades e as sensibilidades. Tenha noção do seu íntimo e então imagine esse âmago dentro de outra pessoa: essa consciência contínua, a sensação de estar vivo, aquele para quem a vida é difícil às vezes.

Concentrando-se em rostos

Na vida, as pessoas muitas vezes não olham muito para os rostos ao redor e, quando olham, é breve e sem reparar muito. Em casa, você pode se acostumar com rostos familiares e então se desligar, fazer suposições ou desviar o olhar porque não está confortável com o que pode estar vendo, como expressões de raiva, tristeza ou apenas tédio com o que você está dizendo. A televisão e outras mídias nos bombardeiam com rostos e é fácil sentir como uma invasão, e cada vez mais indiferença ou distração.

Por mais que entendamos isso, pagamos um preço. Não captamos informações importantes sobre outras pessoas, perdemos oportunidades de aproximação e cooperação, e percebemos os potenciais problemas tarde demais.

Então atente-se especificamente às expressões faciais (sem encarar ou invadir o espaço da outra pessoa). Elas incluem sinais universais de seis emoções fundamentais — felicidade, surpresa, medo, tristeza, raiva e desgosto — bem como expressões mais específicas da cultura e da pessoa. (Por exemplo, eu conheço aquele olhar específico que cruza o rosto da minha esposa quando ela acha que estou me achando demais!) Esteja ciente de movimentos pequenos, rápidos e sutis ao redor dos olhos; os olhos humanos são mais expressivos do que os de outras espécies.

Tenha a sensação de receber, deixar entrar, de *registrar* a outra pessoa de uma maneira mais profunda do que o comum. Observe qualquer desconforto. A sensação de conexão provocada pela empatia pode ser tão intensa que é angustiante. Ela também pode provocar anseios dolorosos por conexões ainda maiores e temores compreensíveis de decepção, especialmente se já aconteceu no passado. Continue lembrando que você pode deixar a sensação da outra pessoa entrar enquanto ainda mantém suas raízes, e que a sua empatia difere de quaisquer ações que possam ser apropriadas neste relacionamento, como estabelecer um limite firme.

Empatia em voz alta

Por mais que você sinta quando outra pessoa é empática de verdade, mesmo quando ela não diz uma palavra, a sua empatia não precisa ser sempre expressada para fazer a diferença. Ainda assim, às vezes é apropriado compartilhar, quem sabe de maneiras naturais, como um murmúrio simpático ou uma simples reafirmação do que lhe foi dito (por exemplo: *Uau, que situação complicada e estressante para você.*) Você pode verificar sua percepção de como é estar no lugar daquela pessoa com perguntas do tipo: *O que você está pensando? Você sentiu _____? Você quis _____? Você se sentiu entre _____ e _____?*

Tenha respeito, não tente convencer ou acusar. Em geral, tente não misturar expressões de empatia com a afirmação das suas opiniões ou necessidades; se for apropriado, faça essa parte depois (e exploraremos como nas partes quatro e cinco).

Note como sua empatia pode mudar durante uma interação — talvez ficando mais suave e mais autêntica, e talvez levando a uma boa resolução de forma mais gentil e rápida.

Se for correto com a outra pessoa, talvez você possa elevar o assunto a um grau em que haja visibilidade e compreensão — ou não — de ambas as partes. Ao ter empatia, você saberá melhor pelo que pedir.

Em essência, podemos apreciar a empatia e defendê-la. Podemos ser a favor do valor de reconhecer verdadeiramente a vida interior da pessoa do outro lado da mesa — ou do oceano. Quanto mais a outra pessoa parecer diferente de você — talvez com uma nacionalidade diferente, religião ou um estilo de vida — maior a importância de ter empatia por ela. No mundo como um todo, a empatia pode ajudar a costurar o tecido da humanidade, usando as linhas antigas que há muito tempo nos conectaram com as amizades e os familiares nas planícies do Serengueti.

14

Tenha compaixão

Muitas vezes, estamos cientes do nosso sofrimento, desde a frustração moderada ou ansiedade até a agonia do câncer nos ossos ou a angústia de perder um filho.

Porém, reconhecer o sofrimento em outras pessoas não é tão comum. Todas as notícias de desastres, assassinatos e luto podem nos anestesiar para o sofrimento no país ou no mundo. Em casa, é mais fácil se desligar ou apenas não captar o estresse e a tensão, o desconforto e a raiva, nas pessoas com quem trabalhamos ou convivemos.

Muitas vezes, o que mais importa para a outra pessoa é que alguém testemunhe seu sofrimento, que alguém apenas *entenda*. Quando isso não ocorre, cria-se uma ferida e mágoa. E, a nível prático, se o sofrimento passa despercebido, é provável que não consigam a ajuda de que precisam.

Quando você não reconhece o sofrimento, também causa prejuízo na sua vida. Você perde chances de abrir seu coração, bem como o aprendizado de qual será seu impacto em outras pessoas. Não reconhecer as mágoas, exasperações e preocupações de outras pessoas pode tornar os problemas piores e potencializar coisas que poderiam ter sido resolvidas no começo. O sofrimento de pessoas distantes nos diz coisas importantes sobre os problemas que em breve podem atingir outras fronteiras.

A compaixão é essencialmente um desejo sincero de que alguém não sofra. Não é um acordo, uma aprovação ou uma desistência de suas próprias necessidades e seus direitos. Você pode sentir compaixão por pessoas que lhe fizeram mal enquanto também insiste em um tratamento melhor.

A compaixão abre o seu coração e oferece cuidado para outras pessoas. Aquelas que recebem são mais prováveis de serem pacientes, complacentes e compassivas com você. A compaixão reflete a sabedoria de que tudo é relacionado a tudo, e isso leva você a sentir mais conexão com todas as coisas naturalmente.

Como

Uma vez perguntei ao professor e acadêmico budista Gil Fronsdal no que ele se concentrava durante sua prática. Ele pensou, em seguida abriu um grande sorriso e disse: "Eu faço uma pausa para o sofrimento."

Abra-se para o sofrimento

Observe os rostos das pessoas no trabalho, em uma loja ou na mesa de jantar. Note o cansaço, a proteção contra a vida, a cautela, a irritabilidade e a tensão. Sinta o sofrimento por trás das palavras. Sinta em seu corpo como seria ter a vida da outra pessoa.

Tenha cuidado para não se sobrecarregar. Você pode fazer isso em pequenas doses, até mesmo alguns segundos de cada vez. Se for útil, mantenha em mente a sensação de estar com pessoas que se importam com você.

Em seguida, abra-se de novo para o sofrimento dos outros. Para uma criança que se sente deixada de lado, um casal preso na raiva, um colega de trabalho não considerado para uma promoção. Não paire sobre os rostos no noticiário da noite; veja o sofrimento nos olhos dos que estão à sua frente.

Observe e escute aqueles que estão mais próximos de você. O que está fazendo mal por lá? Tente fazer uma pausa para o sofrimento deles, mesmo se você tiver que admitir que quem o está causando é você. Se for apropriado, faça perguntas e dialogue sobre as respostas.

Como se sente ao se abrir para o sofrimento? Você pode descobrir que isso o aproxima das pessoas e que há mais bondade indo ao seu encontro. Pode se sentir com mais afinco na verdade das coisas, em especial sobre como as outras pessoas realmente se sentem.

Encontre a compaixão

A compaixão é natural. Você não precisa forçar. Apenas se abra para a dificuldade, a batalha, o estresse, o impacto dos acontecimentos, a mágoa e a tensão em outra pessoa. Abra o seu coração, se permita sentir a emoção e deixe a compaixão fluir em você.

Sinta o que é a compaixão em seu peito, sua garganta e seu rosto. Esteja ciente de como ela suaviza seus pensamentos e suas reações. Reconheça para que você possa voltar para esse ponto de novo.

Os momentos de compaixão vêm no fluxo da vida. Talvez quando uma amizade revela uma perda, ou quando você consegue enxergar a mágoa por trás do rosto raivoso de alguém, ou uma criança faminta que olha para você das páginas de um jornal. Tente encontrar compaixão por pessoas que você não conhece: alguém em uma padaria, algum desconhecido em um ônibus ou multidões atravessando a rua.

Você também pode explorar a compaixão como uma prática meditativa, como a que vem a seguir.

> *Relaxe e tenha consciência do seu corpo. Lembre-se do sentimento de estar com alguém importante para você.*
> *Mantenha em mente alguém fácil de sentir compaixão. Encontre o desejo sincero de que essa pessoa não sofra, talvez sentimentos de preocupação e cuidado. Se preferir, coloque sua compaixão em pensamentos suaves, como: Que*

você não sofra... Que este momento difícil passe... Que seu sofrimento alivie... Que você fique em paz com esta dor.

Em seguida, expanda seu círculo de compaixão para que inclua outras pessoas. Uma após a outra, considere uma pessoa benfeitora (alguém que foi gentil com você), uma pessoa amiga, uma neutra e uma difícil. Começando com a benfeitora, tente sentir compaixão por cada uma delas. Encontre o que você pode oferecer de maneira autêntica, sem forçar nada que pareça falso ou fora de alcance. Se não consegue sentir uma compaixão sincera por uma pessoa em particular, sem problemas, pode seguir para alguma outra que seja mais fácil.

Veja se você consegue estender essa compaixão para todas as pessoas em sua família, na vizinhança, na cidade, no estado, no país e no mundo. Todas elas — certas ou erradas, queridas ou desprezadas, conhecidas ou desconhecidas —, sem omitir nenhuma.

Indo mais fundo, consegue incluir toda a vida em seu ciclo de compaixão? Todos os animais, todas as plantas, até mesmo todos os micróbios. Um vasto número de seres... grandes ou pequenos, vistos ou ocultos...

Deixe a compaixão se estabelecer no fundo da mente e do corpo, presente no olhar, nas palavras e nas ações. Sem omitir nada.

15

Enxergue a bondade em alguém

Muitas interações, hoje em dia, se parecem com carrinhos bate-bate, como se esbarrássemos uns nos outros enquanto trocamos informações, com um sorriso ou uma carranca, e seguíssemos em frente. Com que frequência tiramos alguns segundos extras para sentir o que há por dentro de outras pessoas — especialmente suas qualidades boas?

Na verdade, por conta do viés negativo do cérebro, somos mais prováveis de notar as qualidades *ruins* em outras pessoas em vez das boas: as coisas que nos preocupam ou irritam, ou que nos fazem criticar.

Infelizmente, se você acha que muitas qualidades ruins ou neutras de outras pessoas estão ao seu redor, e só sente uma pitadinha das boas, pode sentir menos positividade e apoio. Além do mais, de uma maneira recíproca, quando outras pessoas sentem que você não enxerga muito do que há de bom nelas, elas são menos propensas a tirarem um tempo para enxergar o que há de bom em você.

Enxergar o que há de bom em outros é, portanto, uma maneira simples e poderosa de sentir mais felicidade, confiança e à vontade com outras pessoas.

Como

Desacelere

Saia do carrinho bate-bate e tenha curiosidade sobre as qualidades boas nas pessoas que fazem parte da sua vida. Isso *não* é enxergar através de lentes cor-de-rosa. Você está apenas retirando as lentes embaçadas do viés da negatividade e vendo os fatos como são.

Enxergue habilidades

Durante a escola, eu era muito jovem e sempre era escolhido por último para fazer parte dos times na educação física: não é bom para a autoestima de ninguém. Então, durante meu primeiro ano na faculdade, a UCLA, eu dei uma chance para o futebol de toque intramural. Tínhamos um ótimo quarterback que era pequeno demais para a primeira divisão do futebol universitário. Depois de um treino, ele me disse de passagem: "Você é bom e vou fazer mais passes para você." Fiquei lisonjeado. Porém, isso foi apenas o começo da minha percepção de que, na verdade, eu era um atleta decente. O reconhecimento dele me fez jogar melhor, o que ajudou nosso time. Cinquenta anos depois, ainda me lembro do comentário dele. Ele não fazia ideia do impacto que causou, porém foi um grande estímulo para minha autovalorização. Da mesma forma, pequenos reconhecimentos podem se espalhar por toda parte quando enxergamos habilidades em outras pessoas — em especial se fizermos isso abertamente.

Enxergue os traços de caráter positivos

A não ser que malandros e sociopatas estejam ao seu redor — improvável! —, as pessoas que você conhece possuem muitas virtudes, como determinação, generosidade, bondade, paciência, energia, garra, honestidade, legitimidade ou compaixão. Tire um momento para observar as virtudes em outros. Você pode fazer uma lista de virtudes presentes nas principais pessoas que fazem parte da sua vida — até mesmo aquelas que são complicadas.

Encontre coisas agradáveis

Pessoas são como mosaicos. Muitas vezes, a maioria dos "pedaços" são positivos, enquanto outros são neutros ou negativos. Com o tempo, nos acostumamos com o que é positivo e aperfeiçoamos pouco a pouco. Enquanto isso, o que é negativo fica em primeiro plano e se destaca. Você pode observar com pessoas que você ama. Alguns anos atrás, percebi que estava fazendo isso com a minha esposa, então comecei a procurar, propositalmente, por coisas agradáveis nela. (Ela é bem legal, então não foi tão difícil!) Fiquei feliz e foi benéfico para o nosso relacionamento.

Tente com amizades ou família, colegas de trabalho ou até mesmo desconhecidos em um restaurante. Talvez você consiga dizer que eles possuem uma decência básica, uma bondade com crianças, uma paixão destemida por causas fadadas ou um senso de humor excêntrico: consegue achar essas coisas agradáveis?

Em seguida, como desafio, tente com alguém problemático, como um parente intrometido ou uma pessoa frustrante no trabalho. Você não está ignorando o que não é agradável. Na verdade, enxergar o que é agradável nessa pessoa pode tornar a interação com ela menos estressante, o que ajuda se precisar lidar com qualquer conflito.

No geral, enxergar o que é agradável em outras pessoas oferece uma lição poderosa, que muito do que vivenciamos é com base no que vemos de agradável e que temos o poder de enxergar muito mais — pelo nosso próprio bem e pelo de outros.

16

Reconheça os desejos mais profundos dos outros

Fiz minha dissertação de doutorado filmando vinte pares de mães e bebês e analisando o que acontecia quando a mãe oferecia uma alternativa para um desejo problemático da criança ("A faca afiada, não, amorzinho. Que tal esse colherão?"). Centenas de horas depois, com os olhos turvos, descobri que fornecer essas alternativas reduzia as emoções negativas em crianças e aumentava suas cooperações com os pais.

Fiquei feliz com o resultado, tanto como um pai de primeira viagem quanto como alguém desesperado para terminar a faculdade. Crianças — e adultos — obviamente querem conseguir o que desejam. Porém, é mais importante saber que outras pessoas reconhecem nossos desejos — e de modo ainda mais fundamental, que *querem* reconhecê-los.

Considere qualquer relacionamento importante: alguém no trabalho, uma amizade ou algum parente. Como se sente quando eles interpretam mal seus objetivos, suas intenções ou seus pedidos? Ou pior, quando aparentemente não se importam em apenas *entender* o que você deseja ou o que é importante para você?

Ai.

Vire ao contrário: quando você reconhece os desejos mais profundos de outras pessoas, é mais provável que elas se sintam vistas e entendidas. E se torna mais fácil de pedir para que elas façam o mesmo com você.

Um aspecto importante é enxergar as boas intenções ocultas. Uma vez, apressado em um aeroporto, parei para comprar água. Na geladeira da loja, um homem estava agachado, colocando garrafas nela. Estendi a mão por cima dele e peguei uma que ele havia acabado de colocar.

O homem olhou para cima, parou de trabalhar, pegou uma garrafa de outra prateleira e esticou a mão para mim, dizendo de maneira abrupta: "Essa está gelada." Por alguns segundos, achei que estava me dizendo que fiz algo errado. Depois, entendi que o homem estava tentando ajudar: ele percebeu que peguei uma garrafa quente e se importou o bastante para parar o que estava fazendo e pegar uma gelada para mim. De uma maneira simples, me desejou o bem. Eu agradeci e peguei a que ele ofereceu. Era apenas uma garrafa de água. Mas fiquei emocionado por suas boas intenções.

Pode ser difícil reconhecer a bondade em outras pessoas. O cérebro reage à novidade e, por isso, tende a ignorar as muitas intenções positivas que permeiam a maior parte do cotidiano enquanto destaca as negativas ocasionais.

Então, você precisa *procurar* ativamente por intenções e desejos positivos ocultos em outras pessoas. Só assim os encontrará ao seu redor.

Como

Com amigos ou desconhecidos, busque os desejos mais profundos que estão além da aparência. Você poderá encontrar uma ânsia por prazer, por comprometimento com outros, por prioridade em segurança, deleite na vida, valorização da autonomia ou necessidade de amor.

Olhe para você e encontrará muitos dos mesmos desejos. Eles são tão poderosos e preciosos para os outros quanto são para você.

No mundo, a maioria dos desejos são positivos. O que *fazemos* para alcançá-los pode ser errado, mas os *resultados* essenciais costumam ser bons. Até mesmo comportamentos terríveis podem ser tentativas equivocadas de alcançar coisas positivas como prazer, status ou controle. É claro, reconhecer as boas intenções ocultas não justifica os comportamentos ruins.

Se preferir, considere algo que você fez e que se arrepende. Suas ações estavam tentando servir a quais objetivos positivos? Como é fazer esse reconhecimento? Enxergar os objetivos positivos ocultos em ações ruins pode suavizar a atitude defensiva e ajudar a levar uma pessoa a sentir o remorso apropriado, e até a buscar melhores maneiras de conquistar esses objetivos.

Quando estiver conversando com amigos, tenha consciência dos desejos mais profundos deles. Como se sente ao reconhecê-los? Tente fazer isso todos os dias com pessoas importantes para você. Isso ajudará você a entendê-los melhor e a se aproximar. Você também pode procurar por motivações positivas em pessoas desconhecidas. Verá esforços para fazer um bom trabalho, para ter lealdade aos amigos e causas, para jogar limpo, para serem úteis e muitas outras coisas boas.

Tente fazer isso com pessoas que desafiam você. Tente enxergar os desejos mais profundos, além do que causa incômodo ou mágoa. Quando você reconhece os objetivos positivos ocultos, pode ser capaz de encontrar maneiras menos prejudiciais que elas poderiam usar para alcançá-los.

Há uma bondade em cada um de nós, incluindo naquela pessoa que está no reflexo do espelho, que é como uma brasa. Reconhecer as intenções positivas sopra nessa brasa e a ajuda a se tornar uma bela chama ardente.

17

Seja gentil

Nós podemos ser gentis de muitas maneiras: dizendo um simples "olá", abrindo a porta para desconhecidos, oferecendo um olhar de afeto, um sorriso ou até mesmo convidando alguém a falar em uma reunião. Compaixão significa que não queremos que outros seres sofram e gentileza significa que desejamos que sejam felizes.

Com a gentileza, nos *aproximamos* do mundo em vez de nos afastarmos dele, o que estudos associam ao bom humor, ao otimismo realista e ao sucesso. Como vimos na parte um, ter gentileza com você permite que você seja gentil com outros. Gentileza comigo é gentileza com você, e gentileza com você é gentileza comigo, em um maravilhoso e ascendente espiral. O oposto também funciona: prejudicar você é prejudicar os outros, e prejudicar os outros é prejudicar você, em uma dolorosa e descendente espiral. A gentileza neutraliza os votos ruins, o desejo de que outros sofram. Ela incentiva as pessoas a serem menos defensivas ou reativas com você, já que você responde à antiga pergunta — amizade ou inimizade? — de coração e com honestidade.

Como

Às vezes, pode não ser possível, autêntico ou apropriado ser gentil, como em uma situação com alguém que está atacando você ou que pode interpretar mal sua simpatia. Do contrário, podemos ser gentis com todos os tipos de pessoas, incluindo as que são íntimas e as que são desconhecidas, colegas de trabalho e parentes por parte de cônjuge, bebês e chefes. Podemos ser gentis com animais, até mesmo com a Terra. As pessoas possuem estilos diferentes, e tudo bem. A gentileza brusca dos meus parentes da Dakota do Norte é diferente da gentileza pegajosa dos meus amigos terapeutas da Califórnia — mas a intenção é a mesma.

Esteja a favor das pessoas

Temos a tendência de nos preocuparmos demais com nós mesmos. A gentileza muda esse foco, pelo menos por um momento, para outras pessoas.

Há alguns anos, fui convidado para palestrar em uma conferência com o maior público que já encarei. Foi um grande passo para mim. Psicólogos lendários estavam palestrando para outros e eu temi não estar no mesmo nível. Estava nervoso. Muito nervoso.

Sentei-me no fundo, esperando minha vez, me preocupando sobre como as pessoas me veriam. Será que iam pensar que eu era apenas um grande impostor? Pensei em diferentes maneiras de parecer alguém admirável e de conseguir a aprovação deles. Minha mente se concentrou apenas em mim, mim, só em mim. Eu estava péssimo.

Procurando por uma distração, vi um folheto informativo em uma das cadeiras próximas. Peguei e encontrei uma entrevista com o Dalai Lama. Ele falou sobre a felicidade em desejar o bem para outras pessoas e em se colocar a serviço delas. Ele me inspirou, e comecei a sentir uma onda de calma assim que parei de ficar obcecado por "mim" e apenas me acomodei no sentimento de querer ser útil.

Então, dei minha palestra e me concentrei no que seria útil para as pessoas na plateia, em vez de como estava sendo recebido. Eu

76 • Aqueça o coração

me senti muito mais relaxado e em paz — e, para minha surpresa, fui aplaudido de pé. Mais tarde, ri sozinho com as ironias: para ser aprovado, pare de procurar a aprovação; para cuidar de si, cuide de outras pessoas.

Cultive a gentileza

Gentileza é algo natural. Ainda assim, você pode fortalecê-la como um traço em sua personalidade. Lembre-se de um momento em que foi gentil com alguém, tenha consciência dos sentimentos e atitudes que teve com aquela pessoa, e o que você fez e falou; deixe o sentimento de tudo isso entrar, fazer parte de você. Com os outros, você pode criar o hábito de se aproximar mais, em vez de se afastar; relaxar e abrir seu coração, suas expressões e seus olhares; e deixar a bondade entrar e sair como uma respiração.

Tente pensar, com gentileza, coisas do tipo: *Que você seja feliz... que viva com conforto... que seja saudável... que tenha sucesso... que encontre o amor que deseja...* Junto desses pensamentos, convoque sentimentos de afeto e amabilidade; sinta a sensação de abrir seu coração. Explore os diferentes aspectos da gentileza, como ter atenção... ser útil... ter generosidade... ser amigável... ter educação... boas intenções... humanidade... dar apoio... ter apreço... ou afeição. Tenha consciência de como esses aspectos da gentileza podem ser gratificantes e agradáveis, isso o ajudará a conectar o traço da bondade no sistema nervoso.

Se preferir, use como forma de meditação, começando com alguém com quem é gentil facilmente. Em seguida, explore desejar boas coisas para pessoas que são mais neutras para você, como um conhecido no trabalho ou um vizinho na esquina. Depois, veja se consegue estender a verdadeira gentileza para alguém desafiador; pode ser útil para que sinta menos estresse ou irritabilidade quanto a essa pessoa, e para que tenha mais efeito nas ações que você decidir tomar. Finalize a meditação com uma sensação completa de afeição e benevolência como uma simples maneira de ser, aplicada a todos.

No geral, note que a sua gentileza é mais sobre você do que sobre outras pessoas, é mais sobre o que você encontra no mundo do que sobre como você o enfrenta.

Expresse-se deliberadamente

Busque por oportunidades para pequenos atos gentis no cotidiano. Muitas vezes, você apenas irá sorrir, cumprimentar o outro com um aperto de mãos ou aceno — e isso já é muito. Talvez converse por poucos minutos, dê um abraço de bom dia ou um beijo de boa noite, ou um pouquinho de afeto extra no fim de um e-mail.

Você pode se expandir enquanto se mantém dentro dos limites do que parece verdadeiro para você. Lembre-se que gentileza não é um acordo ou uma aprovação. Você pode ser gentil com as pessoas enquanto ainda busca seus objetivos, mesmo aqueles diferem dos delas. Pode desejar o bem das pessoas mesmo que tenha algum problema com elas.

Considere as pessoas que são próximas de você. Por exemplo, por ter trabalhado com casais por tantos anos, é doloroso ver com que frequência atos básicos de amor são uma casualidade em relacionamentos de longa data. Considere ser mais gentil com seus pais, irmãos e filhos, caso os tenha. De novo, é impressionante o quanto é fácil deixar a gentileza de fora dos relacionamentos mais importantes porque estamos ocupados, por pequenas irritações ou mágoas, ou pelo cansaço resultante do trabalho em excesso. Porém, um pouquinho de gentileza aqui e ali pode absolutamente transformar os relacionamentos. Experimente e veja!

Considere ser mais gentil com pessoas que você costuma ignorar ou tratar com distância, até mesmo frieza, como garçons e garçonetes em restaurantes, alguém no translado até o aeroporto ou atendentes no telefone.

Você pode sentir estresse e pressão e ainda ser gentil. Encontre a afeição e os bons votos entre a confusão mental, como ouvir sinos de vento no meio da tempestade e da chuva. Com o tempo, você *sentirá* a gentileza crescendo. Sério! Será seu ponto de partida, sua base e inclinação natural. Observe o que acontece quando você registra uma coisa após a outra, alimentando aquela chama quente crescente na fogueira do seu coração.

Ame o próximo

Todos nós conhecemos pessoas que são, hum,... *desafiadoras*. Pode ser um supervisor que acha que manda, uma amizade legal, porém não confiável, um colega de trabalho que é uma pedra no seu sapato ou um cônjuge difícil. Ironicamente, para que os bons relacionamentos sejam *muito* benéficos para nós como seres humanos, precisamos nos aproximar tanto de outras pessoas que algumas delas passam a incomodar. Por isso, é natural se fechar para elas, muitas vezes sentindo mágoa, ressentimento ou desprezo. Porém, quais são os resultados? Fechar-se para as pessoas faz surgir uma tensão e faz com que você se retraia, além de desencadear reações mais emocionais, o que pode piorar uma situação.

Às vezes, você precisa desligar o telefone, bloquear alguém no Facebook ou ficar em um hotel quando visita seus parentes. Em situações extremas, pode ser necessário se distanciar por completo por um tempo ou para sempre. Cuide-se e ouça aquele conhecimento interior sobre o que é melhor para você. Talvez seja necessário retirar alguém do seu negócio, do seu grupo de trabalho, da sua lista da festa de Natal — ou da sua cama.

Mas, quaisquer medidas práticas que você precise tomar, ainda questione: *Será que eu preciso deixar de amar essa pessoa?*

Como

Quando você abre o coração, como se sente? Fisicamente, sente um calor e um relaxamento no peito? E no emocional, como é essa sensação? Você pode sentir empatia, compaixão e calma. E, emocionalmente, como é manter as coisas em perspectiva e ter boas intenções?

Sinta a força de abrir seu coração, da sensação ampla e completa. Paradoxalmente, a pessoa mais aberta e que mais aparenta vulnerabilidade em um relacionamento costuma ser a mais forte.

Sinta a expansão e a inclusão do coração, bem como o céu. Ele se mantém receptivo para todas as nuvens e não é prejudicado nem por aquelas mais carregadas. Manter o coração aberto dificulta que outros magoem você.

Observe que um coração grande ainda permite que você tenha clareza no que funciona e no que não funciona, bem como permite que tenha firmeza, que estabeleça limites e tenha conversas francas. Mahatma Gandhi, Nelson Mandela e o Dalai Lama são famosos por manterem o coração aberto enquanto ainda causam *muitos* efeitos nos adversários.

Abra o seu coração

Comprometa-se a ter um coração aberto e com muito espaço, a nunca exilar outras pessoas de seu círculo de compaixão e a nunca dizer: "essa pessoa está morta para mim."

Tenha atenção ao sentimento — físico, emocional e mental — de parar de amar uma pessoa específica. Esteja ciente das racionalizações e razões que o cérebro/a mente jogam para justificar tal coisa — e pergunte-se: *É verdade? Essa pessoa é necessária? Ela é consistente com o tipo de pessoa que eu quero ser?* Tenha consciência de qualquer dor que você tenha sofrido — ou viu ser infligida em outros — pelas mãos dessa pessoa e tenha compaixão.

Em seguida, pergunte-se, de acordo com a realidade dela, como você se protegeria sem deixar de amá-la? Por exemplo, pode ser útil:

- Distanciar-se de maneira física ou emocional.
- Estabelecer um limite firme, como se recusar a conversar quando ela estiver bêbada.
- Desabafar com um amigo ou uma amiga e tirar um peso do peito para que você possa libertá-lo.
- Conversar com a pessoa problemática, mesmo se for apenas para ter certeza de que você fez e falou o que podia.
- Lembrar-se de que você pode ter a sensação simples e honesta de ter sua humanidade compartilhada com alguém mesmo que você não deseje ver essa pessoa de novo.

Em seguida, se quiser, explore abrir seu coração de novo para quem você deixou de amar. Pode não mudar nada no seu comportamento ou na natureza do relacionamento. Todavia, você se *sentirá* diferente — e melhor.

Transforme "eles" em "nós"

Gostaria de abordar a grandiosidade do coração em um contexto mais amplo. Durante milhões de anos, nossos ancestrais sobreviveram cuidando daqueles que estavam dentro de um grupo — "nós" — enquanto muitas vezes temiam e atacavam outros do lado de fora — "eles." Isso foi há muito, muito tempo. Então, durante os últimos 10 mil anos, à medida que a agricultura produzia alimentos em abundância, o que permitia grupos maiores, esse mesmo padrão tribal foi reproduzido em maiores escalas. Como consequência, a maioria de nós está vulnerável aos antigos métodos de ressentimento e vingança — agora ainda mais amplificado pelas redes sociais.

E não apenas na política. Você pode enxergar o "eles" na rápida classificação mental de pessoas "parecidas comigo" e "não parecidas comigo". Pode enxergar nas fofocas do trabalho e no grupo da família no aplicativo de mensagens. As entradas e saídas do grupo, as rejeições casuais, quando viramos as costas com raiva, o desprezo espontâneo. Você pode ver sua mente se movendo rapidamente para reduzir outra pessoa em uma figura bidimensional à medida que você investe em sua própria posição e identidade — mesmo quando aquela pessoa é alguém que você ama.

O processo de tornar outros em "eles" é moldado por forças externas de preconceito e discriminação que possuem uma longa e dolorosa história, e que continua a ser institucionalizado e decretado até hoje — talvez na vivência de uma mulher com um teto de vidro no trabalho ou um jovem negro ouvindo o barulho das portas dos carros sendo trancadas enquanto caminha na calçada.

De maneiras grandes e pequenas, você provavelmente sabe como é fazer parte do "eles". Ser uma pessoa ignorada, descontada, usada, atacada ou deixada de lado. Não é nada bom.

Por outro lado, ver os outros em "nós" é reconhecer o que temos em comum — que todos *nós* desejamos o prazer e tememos a dor, que sofremos e morremos, que cada um de nós será separado, de um jeito ou de outro, de tudo e todos que amamos algum dia. À medida que você enxerga esse fato e as maneiras profundas em que somos semelhantes, aquela tensão desconfiada no corpo pode suavizar. Então, você verá os outros de forma mais clara e lidará melhor com eles, até mesmo com aqueles com quem se opõe intensamente. E quando você não sente que está recebendo uma ameaça desnecessária, é menos provável que cause uma ameaça desnecessária a você.

À medida que você vive seu dia, tente reconhecer as semelhanças entre você e outras pessoas. Por exemplo, quando vir algum desconhecido, tire alguns segundos para observá-lo e reconhecer: *Sim, ele é como eu... Suas costas doem como a minha... Ele ama os filhos como eu amo os meus... Ele também sente alegria e tristeza.* Tente fazer isso com pessoas que parecem muito diferentes e com aquelas que pertencem a grupos que causam desconfiança ou que você possa temer ou desgostar. Observe como se sente quanto a essa prática — é provável que ela abra seu coração e transmita calma.

Você pode imaginar um grupo amistoso de "nós" que inclui você e outros que são obviamente parecidos com você. Em seguida, abra o grupo aos poucos para incluir mais e mais pessoas que, de primeira, não parecem com você, mas em quem consegue reconhecer semelhanças (por exemplo, assim como eu, você também quer ser feliz). Continue abrindo o grupo para incluir pessoas que já magoaram você ou outros, sabendo que não precisa aprovar suas atitudes para reconhecer a humanidade compartilhada. Passe um tempo nisso, fazendo uso da compaixão por você e por outros e expandindo o grupo apenas para o que pareça verdadeiro e seja certo para você. Esteja ciente da suavização no momento, uma libertação da defensiva e da retidão, uma amplitude da perspectiva. Acomode esse sentimento e aproveite.

É assim que construímos pontes entre nós, como os grupos se abrem e como podemos viver juntos em paz.

19

Confie no amor

Todas as formas do amor são como o ar. Pode ser difícil de enxergar, mas está presente em você e ao seu redor. A vida cotidiana é repleta de momentos de cooperação e generosidade, até mesmo entre estranhos completos. Muitos cientistas acreditam que o amor — definido amplamente para incluir a empatia, a amizade, o altruísmo, o romance, a compaixão e a gentileza — tem sido a principal força motriz por trás da evolução do cérebro durante os últimos milhões de anos.

O estado de descanso do seu cérebro — sua "base inicial", ou seja, quando você não está sentindo estresse, dor ou ameaça — incentiva uma sensação de amor. Contudo, é muito fácil deixar a base por algo tão pequeno quanto um comentário crítico em uma reunião de negócios ou uma cara feia na mesa de jantar. Então, ficamos um tanto perdidos, sem base, no interior, presos no medo ou na raiva que afasta o amor. Depois de um tempo, isso pode se tornar o novo normal, e então começamos a chamar o sentimento de "perdido de base" — como esquecer a riqueza do ar que estaria disponível se apenas respirássemos fundo.

Então, precisamos levar o amor de volta à base. Você pode reconhecer e ter confiança no amor em seu coração, o que oferecerá energia e proteção, mesmo quando precisar ser firme com outras pessoas. Pode enxergar e ter fé no amor de outros, mesmo quando for velado ou aparecer de formas problemáticas. Pode confiar no amor que é tão presente quanto o ar e que é algo tão natural quanto respirar.

Como

Respire. Observe a quantidade de ar disponível e o quanto é confiável. Observe o sentimento de poder confiar no ar.

Em seguida, pense em alguém que ama você. *Sinta* o fato desse amor — mesmo que seja, parafraseando o psicólogo John Welwood, um amor perfeito fluindo por uma pessoa imperfeita. Consegue sentir a sua respiração e o seu corpo relaxando à medida que confia no amor dessa pessoa por você? Consegue sentir seus pensamentos se acalmando, seu humor melhorando e seu coração se abrindo para outros? Creia que a confiança no amor é boa e que reabastece. Tente repetir isso com outras pessoas que também amam você.

Pense em alguém que *você* ama. Sinta a realidade do amor; saiba que está amando. Como no parágrafo anterior, absorva os benefícios do reconhecimento e da confiança no amor. Tente repetir isso com outras pessoas que você ama.

Conforme seu dia passa, abra-se para o amor em diferentes situações. Você pode se perguntar coisas do tipo: *Como uma pessoa amável, o que é importante para mim? Confiando no amor, o que parece ser a coisa certa a fazer?* Lembre-se que você pode ser forte enquanto ainda se concentra no amor ou em uma de suas muitas expressões (por exemplo, a empatia, o jogo limpo, a benevolência). Se você precisar se autoafirmar, o que acontece quando você parte de um ponto que tenha amor?

Deixe o seu amor fluir

Nos meus 20 e poucos anos, eu passei pelo método Rolfing, uma forma de trabalho corporal profundo que algumas vezes pode liberar emoções que estavam enterradas, nervosamente, antecipei a quinta sessão, aquela que vai fundo na barriga. Porém, em vez de um monte de dor reprimida, o que transpareceu foi *amor* — ondas e ondas de amor que eu afastei por vergonha, por medo de me aproximar e por conta das batalhas com a minha mãe.

Foi fantástico deixá-lo fluir livremente. O amor nutre e cura à medida que se move por nós. Na verdade, feridas causadas por não *receber* amor são aliviadas e, às vezes, até curadas quando *damos* amor.

O amor é uma corrente ascendente natural dentro de todos nós. Não precisa ser incentivada ou calibrada, apenas precisa ser liberada. Se o amor é guardado, ele machuca. Em seus relacionamentos mais importantes, existe alguma maneira em que o amor esteja sendo retraído ou apagado?

Escolha amar

Há muitos anos, minha ex-namorada começou a fazer coisas que me deixaram chocado e magoado. Não vou especificar, mas foi intenso. Depois de passar pela primeira onda de reações — *Quê? Como você pôde? Está brincando?!* —, me acalmei um pouco. Tive uma escolha.

Esse relacionamento era importante para mim, e eu conseguia enxergar que muito do que se passava na mente dela dizia muito sobre ela e não sobre mim. Percebi que poderia dizer que estávamos por um triz... e escolhi amar no meio tempo. Considerando tudo, parecia a coisa mais livre, forte e respeitosa que eu poderia fazer.

Para minha surpresa, em vez de me fazer de tapete ou de saco de pancadas, o amor me protegeu e me incentivou. Ele me manteve fora de desavenças e conflitos e me deu uma noção de valor próprio. Fiquei interessado para saber o que ela faria no final, mas de uma maneira estranha, não me importava muito. Me senti satisfeito e guiado pelo amor, e o que ela fez estava fora do meu controle. Pouco a pouco, afastar o meu foco de tentar mudá-la para me amar mais ajudou as coisas a melhorarem.

O amor consiste mais em sermos amáveis do que em outras pessoas serem amáveis. Pode ser frustrante tentar fazer com que outras pessoas amem você. Mas ninguém pode impedir você de encontrar e sentir o amor dentro do seu corpo. Você pode escolher "amar à vontade" e ir até o limite do alcance que está disponível de maneira autêntica. Qualquer que seja esse alcance em qualquer momento de um relacionamento, você escolhe até onde ir. Não é mentira; o amor que você sente é real. Na verdade, escolher amar é amar duas vezes: invocar a intenção de amar é um ato amoroso, além do amor que vem depois.

Deixe o amor estar junto de qualquer outra coisa em seu relacionamento. Existe o amor... e existe também enxergar a verdade na outra pessoa, em você, e as circunstâncias que afetam ambos. Existe o amor... e existe atender suas próprias necessidades no relacionamento. O amor vem primeiro, e o resto em seguida.

Se você sente que está no meio de uma situação muito ruim — talvez um problema de saúde crônico ou enfrentando uma dolorosa perda —, o que pode fazer quando não há mais nada a fazer? Você sempre pode encontrar alguém para amar.

Enxergue o amor em outros

Você pode entrar em harmonia com o amor de outras pessoas, não importa o quanto estejam perdidas, sem suas próprias bases, sentindo medo ou raiva — é como ver uma fogueira distante por entre as árvores. Sinta o desejo das pessoas de estarem em paz em seus próprios relacionamentos, de dar e de receber amor. O que acontece em um relacionamento conturbado quando você entra em contato com essa capacidade de amar e desejo por amor, mesmo reprimido, dentro da outra pessoa? Observe que ambos podem sentir o amor em outros *e* serem claros e objetivos sobre suas próprias necessidades e seus direitos.

Confiar no amor não significa presumir que alguém amará você. Significa ter confiança na natureza amorosa oculta em cada pessoa e no poder sadio do seu próprio amor de proteger você e de tocar no coração de outros.

Viva por meio do amor

Basicamente, você pode sentir a vida por meio do amor. Ame como uma corrente, uma fonte, um fluxo ascendente de ar que está guiando e vivendo por você. Bondade, compaixão e outras formas de amor podem ser o principal movimento na sua vida. Tanto na meditação quanto nas atividades do cotidiano, tente sentir como se estivesse respirando o amor. Pode até sentir como se o amor estivesse respirando você... talvez pensando suavemente: o amor entrando... o amor saindo...

Pense: se você vivesse por meio do amor em seu primeiro encontro com uma outra pessoa hoje, como você seria, o que você faria e como você falaria? Como seria uma semana, um ano, se você vivesse por meio do amor?

O amor nos leva de volta para a base.

PARTE TRÊS

Fique em paz com outras pessoas

20

Não leve tanto para o lado pessoal

Imagine que você e um amigo ou amiga estão sobre uma canoa em um rio que flui suavemente. Você está usando roupas bonitas e fazendo um piquenique em um domingo. De repente, há um sonoro BUM do lado da canoa e ela vira. A água está fria e você sai cuspindo. O que você vê? Dois adolescentes rindo de você porque chegaram de fininho e derrubaram você na água. Como se sente?

Agora, imagine o cenário de novo: os amigos, as roupas bonitas e o piquenique, o sonoro BUM e cair na água fria do rio. O que você vê quando sai da água cuspindo? Dessa vez, um grande tronco submerso bateu em sua canoa. Como se sente?

E qual é a diferença de como você se sente nos dois cenários?

No segundo, o choque, a água fria e o piquenique arruinado são os mesmos elementos do primeiro, porém, você não sente como se tivesse sido um alvo pessoal. É possível sentir estresse e irritação sem precisar levar nada disso para o lado pessoal. É apenas uma situação chata e você lida e aprende com ela. Você não pensa muito sobre o terrível tronco.

A maioria das pessoas que esbarram em nós são como troncos. O que elas dizem e fazem foi acionado por muitas, muitas causas e condições impessoais anteriores a este momento, como histórias pessoais e forças externas da sociedade. Precisamos lidar com os impactos que elas causam em nós, mas sofreremos menos e seremos mais eficazes se não levarmos tanto para o lado pessoal.

Por exemplo, eu cresci em Los Angeles e dirigi muitos quilômetros com um bom histórico de segurança. Minha esposa, Jan, é uma motorista *muito* cuidadosa, e prefere que eu dirija nas estradas. Muitas vezes estávamos dirigindo tranquilamente enquanto mantínhamos uma distância do carro da frente... e as mãos dela continuavam brancas segurando a porta do passageiro e os pés apertando o freio imaginário no chão enquanto ela me dizia em um tom sério para desacelerar.

Eu levei para o lado pessoal.

Meus pais eram carinhosos, porém ainda muito críticos de várias maneiras. Eu aprendi a dirigir com o meu pai e ele era bastante intenso. Então, muitos anos depois, eu estava propenso a me sentir injustamente culpado e repreendido, inclusive na hora de dirigir.

Depois de muitas rodadas de discussão com a minha esposa (o que nunca terminava bem), comecei a pensar nisso. Eu estava realmente dirigindo de maneira perigosa? Não. Precisava acreditar no que ela estava dizendo? Não de novo. Por outro lado, poderia ter compaixão por ela? Definitivamente. Eu a amo e não quero chateá-la só para chegar a algum lugar cinco minutos mais cedo. Eu poderia reconhecer alguns dos fatores por trás da reação dela *que não diziam respeito a mim*, como pouca experiência em estradas, uma percepção de profundidade não muito boa e uma coluna vertebral vulnerável que precisa evitar qualquer tipo de acidente? Absolutamente! Em outras palavras, eu poderia ver as coisas de modo mais impessoal e me concentrar no que melhoraria a nossa situação? Essas reflexões me ajudaram a dirigir mais lentamente quando ela está no carro. Nem sempre faço isso quando estou sozinho, mas, com certeza, fez bem para o nosso relacionamento.

Como

Cuide-se

Quando sentimos cansaço, estresse ou fome, com certeza é muito mais fácil sentir humilhação, perseguição e ofensa. Por outro lado, *quanto mais você se cuidar, menos levará as coisas para o lado pessoal*. Coisas simples como dormir o suficiente e encontrar alguém para aproveitar cada dia ao seu lado podem fazer uma grande diferença. Então, as atitudes dos outros são menos prováveis de parecer um dano pessoal.

Particularmente, temos uma necessidade natural profunda de que outras pessoas nos enxerguem e nos apreciem. Durante a infância, essa necessidade é intensa e, se houve uma escassez nesses "suplementos sociais" vindos dos seus pais, irmãos e outras crianças, você sente que seu coração está com buraquinhos (isso certamente aconteceu comigo). Na idade adulta, é provável que sinta que as pessoas não compreendem, menosprezam ou deixam você de lado. Talvez ela realmente tenha destratado você, mas é tão fácil reagir de forma exagerada e levar para o lado pessoal com dor.

Para se ajudar, procure e absorva propositalmente experiências de cuidado e valor. Pouco a pouco, sinapse por sinapse, você conseguirá preencher o buraco em seu coração. Então, quando outra pessoa esbarrar em você, parecerá que você possui um grande amortecedor de choque interno. Ela continuará fazendo o que faz, mas agora você consegue enxergar que isso diz mais sobre ela do que sobre você.

Reconheça suposições sobre outros

Uma das principais ideias da psicologia é que nós muitas vezes *atribuímos* características para outras pessoas, como uma atitude hostil ou com a intenção proposital de magoar. Algumas vezes essas atribuições são erradas, exageradas ou fazem parte de uma situação muito maior.

Pense em uma frustração recente com alguém ou um relacionamento conturbado no geral. Quais características você atribuiu para a outra pessoa, até mesmo automaticamente? Você "transferiu" o tratamento que recebeu no passado para esse outro alguém — por exemplo, pensando que se parece com sua mãe ou seu pai, ou com algum treinador ou chefe terrível que você já teve?

Um exercício simples, porém, poderoso, é criar duas colunas em um pedaço de papel. Do lado esquerdo, liste algumas atribuições principais sobre alguém; do lado direito, para cada atribuição, liste todas as maneiras pelas quais isso não é a verdade completa. Por exemplo, talvez eu tenha listado que minha esposa era "mandona" enquanto eu estava dirigindo, além de agir como meu crítico pai. Então, na coluna do lado direito, eu escreveria que ela estava apenas com medo, além de, no geral, ser cuidadosa e grata.

Nossas atribuições são muitas vezes rápidas, autoritárias e ficam à espreita no fundo da mente. É libertador ter consciência delas. Você pode decidir o que é verdade — ou não.

Em particular, reagimos vigorosamente às *intenções* que atribuímos aos outros, incluindo as motivações, os valores e os objetivos. Pense em crianças gritando: "Você fez de propósito!" Porém, muitas vezes somos apenas peões no drama de outras pessoas, esbarrando no dia ruim delas. Mesmo que haja uma intenção consciente por trás do que fizeram, pode ser uma reação pequena e passageira e não parte de um plano maior de fazer você de alvo e causar mágoa. E, talvez, essas pessoas tenham outras intenções, inclusive boas. Sem negar o que é verdadeiro no comportamento proposital de outra pessoa, tente dizer coisas assim:

Por baixo de tudo, suas motivações são basicamente boas.

Você agiu daquela maneira problemática porque no fundo deseja _____.

Você foi provocado(a) e reagiu, sim, de uma maneira ruim — mas não é por isso que possui algum grande plano para me magoar.

Hmm, eu interpretei errado o que você quis dizer e o motivo, e posso considerar que você teve a intenção positiva de _____.

Quando sua ansiedade aumenta, você fica controlador(a), mas consigo entender que isso é um resultado do seu medo e não uma crítica para mim; além do mais, na maioria das vezes, você não está ansioso(a).

Saiba o que irá fazer

Levar menos as coisas para o lado pessoal *não* significa deixar que as pessoas maltratem ou abusem de você. Pode acontecer de alguém estar lhe fazendo de alvo de propósito. Pode até ser parte de um padrão social maior de preconceito e discriminação. Como um homem cisgênero, heterossexual e branco, tive a vantagem de poder evitar os preconceitos que são voltados para outras pessoas e que as prejudicam tanto. Porém, talvez assim como você, já inventaram mentiras sobre mim, mentiram para mim, fui enganado e traído. É real. Magoa, é assustador, e é algo com que você precisa lidar.

Como exploramos, você pode ter autocompaixão, encontrar uma sensação de força suave, e saber que seu valor próprio não depende daquela outra pessoa. Pode entrar em contato propositalmente com experiências que são um tipo de antídoto ou bálsamo, como lembrar de pessoas que fizeram um elogio quando seu trabalho foi atacado de maneira injusta em uma reunião. Você pode buscar apoio e perspectiva em uma amizade. Pode chegar a uma conclusão sobre os motivos e outras forças dentro da outra pessoa.

Você pode ter seu próprio julgamento sobre a escala do que aconteceu, de um confronto pequeno até um dano devastador. Você pode escolher conversar com aquela pessoa, tendo as partes quatro e cinco deste livro como base.

E quer você converse com ela ou não, você já pode ter uma ideia do seu plano desse ponto em diante. Pode ver as situações de formas mais impessoais e completas, enquanto se protege e busca alcançar seus objetivos. Talvez você decida investir mais tempo em outras amizades, terminar um relacionamento romântico, trocar de gerente no trabalho, ou apenas manter a civilidade enquanto enxerga com clareza com qual tipo de pessoa está lidando.

É uma atitude íntegra e relaxante saber o que você vai *fazer*. Voltando para onde começamos, você pode lidar com a situação quando cair na água, ter atenção nos troncos futuros, e até mesmo escolher rios diferentes — tudo enquanto não leva as coisas tanto para o lado pessoal.

21

Acabe com a guerra em sua cabeça

À s vezes, nos prendemos em pensamentos e sentimentos hostis, ressentidos e até mesmo vingativos em relação a outra pessoa. Dentro da mente, é como se estivéssemos em uma guerra com ela. Sem bombas ou mísseis, mas em um conflito crônico e com sentimentos de raiva. Podem ser colegas discutindo sobre um projeto, parceiros amorosos caminhando para um término, ou pais divorciados brigando por conta das férias de fim de ano. Pode ser uma guerra fria de comportamentos educados, silêncios frios e agitações discretas. Em minhas próprias guerras internas com outras pessoas, me preocupava em relembrar situações, imaginando o que eu realmente diria se pudesse, e desejando que outras pessoas me defendessem. Estava preso em uma batalha. Mas, principalmente, estava causando danos a mim mesmo.

Quando eu tinha 16 anos de idade, trabalhei em um acampamento de verão próximo ao Oceano Pacífico, e fazíamos mergulho livre nas florestas de algas. Uma vez, de maneira tola, nadei até uma moita de algas, pensando que havia água límpida do outro lado, mas só havia mais algas marinhas, com folhas grossas alaranjadas e galhos longos e fortes vindos do fundo do mar. Eu fiquei preso, sem ar, e comecei a entrar em pânico. Lutei contra as algas, me debatendo e sacudindo, o que só as enrolou mais em mim. Depois de não sei quanto tempo, me veio a lucidez e minha guerra contra as algas terminou. A máscara de mergulho estava no meu pescoço, o *snorkel* foi arrancado da minha boca, e eu perdi um pé de pato. Desenrolei-me lentamente das algas, em vez de lutar contra elas, nadei para cima, por fim me livrando e enxergando a brilhante superfície prateada do oceano acima da minha cabeça, indo em direção a ela e ao precioso ar.

É claro que precisamos nos defender e lidar com coisas difíceis. Porém, se fizermos isso enquanto estamos com raiva, como um nadador preso nas algas, não é bom para nós ou para os outros. Uma mente em guerra é ruim, repleta de irritação e medo. O corpo acelera, acumulando o desgaste gradual da ativação do estresse. Percepções e convicções se tornam parciais e defensivas. Reações são intensificadas e apressadas. Tudo isso pode levar outras pessoas a entrarem em guerra com *você*, levando a ciclos viciosos.

Como

Pense em qualquer tipo de tensão ou conflito que você possa ter tido com alguém. Pode ser no presente ou no passado, com pessoas que lhe deixam com raiva quando pensa nelas.

Fatores mentais

Não importa o que fizeram, o quanto foi ruim, tente ter consciência dos *fatores mentais* que talvez tenham sido *adicionados* na situação e mantiveram você nessa batalha:

- Existe alguma recompensa, como sentir-se do lado certo, com prepotência ou superioridade? Se sim, pergunte-se se essas recompensas valem os custos.
- Suas reações estão mantendo sentimentos de mágoa e tristeza longe? Se sim, tente explorar esses sentimentos ocultos com compaixão, aceitá-los, deixá-los fluir e, pouco a pouco, deixar-se levar menos pela raiva.

- Manter essa briga faz você se sentir no direito de exigir coisas de outras pessoas (por exemplo, agora "devem" algo a você)? Se sim, considere como seus direitos e suas necessidades são legítimos sem precisar adicionar quaisquer reivindicações sobre os outros para justificá-los. Imagine defender seus direitos e suas necessidades por eles mesmos, sem colocá-los no meio de seus conflitos com outras pessoas.

Roteiros familiares

Considere como sua abordagem aos conflitos foi moldada por sua infância e suas experiências de vida. Na minha família, meus pais discutiam muito sobre os mesmos problemas várias vezes, então eu não tive exemplos de *resolução* de conflitos — do que se trata grande parte deste livro — até sair de casa e me envolver com o movimento do potencial humano e, em seguida, com a psicologia clínica. Em outras famílias, os conflitos podem ser resolvidos por alguém dominador, enquanto os que devem aquiescer são submissos por fora e ressentidos por dentro. Padrões similares de interação podem acontecer com outras crianças durante a infância — por exemplo, eu tinha medo dos valentões da escola — e, com o tempo, com outros adultos.

Essas formas de relacionamento são internalizadas, tanto em termos de como agimos com outras pessoas — discutindo sem resolução? Ficando insistente? Cedendo para manter a paz? — quanto como nos sentimos por dentro. À medida que você reconhece os "roteiros" do seu passado, pode parecer vergonhoso e decepcionante. Lembre-se de que fomos projetados para aprender com as nossas experiências, e que você já está seguindo o melhor caminho somente por ter disposição de ter mais honestidade com você. Apenas ter consciência desses roteiros reduzem o poder que eles possuem sobre você. Mudá-los leva tempo, e você pode se encontrar ainda reproduzindo falas muito conhecidas — como já fiz várias vezes

100 • Fique em paz com outras pessoas

antes de perceber: *Eca, estou de novo soando como o meu pai quando falo com meus filhos*. Mas, pouco a pouco, você vai conseguir se desprender de roteiros antigos e seguir maneiras menos reativas e mais efetivas de lidar com os conflitos com outras pessoas.

Uma mente pacífica

Tente este pequeno exercício (e sinta-se livre para modificá-lo de acordo com seus propósitos): Desenhe uma linha até o final de uma folha de papel para criar duas colunas, nomeie a da esquerda de "Força Pacífica" e a da direita de "Mente em Guerra". Em cada coluna, liste os pensamentos, sentimentos e objetivos de cada forma de ser. Por exemplo, o lado esquerdo pode incluir "calma, reflexão da situação completa, paciência, sem distrações causadas por questões secundárias" enquanto no lado direito está "coração acelerado, desejo de vê-los pagar um preço, fixação em uma coisa, bastante infelicidade, ruminação, estresse, tensão."

Depois, pare e considere duas coisas. Primeiro, você pode se defender — e outros capítulos mostrarão como — enquanto mantém a paz *interior*. As pessoas podem entrar em guerra com você, mas elas não precisam invadir sua mente! Você não precisa brigar com elas internamente. A retidão e o antagonismo não precisam invadir e ocupar seu corpo. Basicamente, você não precisa se deixar levar pelos fluxos mentais de outras pessoas. Reflita sobre a turbulência neurológica oculta nos pensamentos delas: a agitação bastante complicada, dinâmica e, em grande parte, arbitrária de conjuntos neurais momentâneos em coerência, depois em caos, e coerência de novo. Chatear-se por conta dos pensamentos de outra pessoa é como se chatear com o respingo de uma cachoeira. Tente dissociar seus pensamentos dos de outros. Diga para você: *Eles estão lá e eu estou aqui... A mente deles é separada da minha.* Lembre-se de alguém que é a personificação da combinação de força e passividade em relação ao combate com outros; imagine o que devem estar pensando e sentindo na sua situação, e sinta esse jeito de ser se aprofundando em você.

Segundo, veja o quanto estar em guerra mental custa para você e para outras pessoas, incluindo testemunhas inocentes, como crianças. Quando penso nos erros que cometi nesta vida, vejo que estava em um tipo de guerra mental na maioria deles. Qual é o bem maior, tanto para você quanto para os outros? Talvez deixe-os ter uma pequena vitória para alimentar uma felicidade maior. Faça uma escolha sincera por uma mente mais pacífica.

Podemos reconhecer a guerra dentro de nós, em vez de nos deixarmos levar por acusações, posições, ameaças e recriminações de outras pessoas. O mundo externo pode não mudar. Porém, se você acabar com a guerra em sua própria mente, se sentirá melhor e poderá agir de acordo. O que também pode ajudar a melhorar o mundo.

22

Aceite-os

Eu admito: gostaria que algumas pessoas fossem diferentes. Dependendo de quem for, gostaria que parassem de fazer coisas como: deixar as portas dos armários da cozinha abertas, me enviar e-mails de spam ou fazer pouco caso do aquecimento global. E gostaria que começassem a fazer coisas como: serem mais amigáveis e prestativas. Mesmo que não me afete diretamente, pelo bem delas, gostaria que algumas pessoas importantes para mim fossem mais enérgicas e menos ansiosas ou autocríticas.

De quais maneiras *você* gostaria que as pessoas fossem diferentes? Pense naquelas que são próximas de você, bem como colegas de trabalho, vizinhos e motoristas na estrada. É normal desejar que outros fossem diferentes, assim como é normal desejar que você fosse diferente (digamos, com mais dinheiro ou sabedoria). Não há problema em tentar influenciar outros de maneiras habilidosas e éticas. Porém, os problemas aparecem quando começamos a criticar, importunar, desprezar, ou a fazer qualquer outro tipo de *esforço*. Em vez disso, nós poderíamos aceitá-los como são e como não são.

Aceitação significa que você "cede" para a verdade — os fatos, a realidade —, não importa o que seja. Você pode não gostar por razões compreensíveis. Por exemplo, eu não gosto do fato de que muitas crianças passam fome diariamente, que meus pais já não estão mais aqui, e que já magoei pessoas quando perdi a cabeça. Porém, as coisas são o que são e podemos aceitá-las enquanto ainda tentamos torná-las melhor, quando for possível. A aceitação nos mantém arraigados no que é verdadeiro, que é o ponto de partida para qualquer eficácia, felicidade ou cura duradoura.

Aceitar as pessoas *não* significa concordar ou gostar delas, ou amenizar o impacto que elas causam. Você ainda pode tomar as atitudes apropriadas. Está apenas aceitando a realidade da outra pessoa. Você pode não gostar, pode não ser de sua preferência, pode causar tristeza ou raiva, mas em um nível mais profundo, você está em paz. Somente isso já é uma bênção. E, às vezes, sua mudança em relação à aceitação pode abrir um tipo de espaço para que um relacionamento possa melhorar.

Como

Para ter uma experiência clara de aceitação, comece com algo simples, direto e inegável, como aceitar as sensações da respiração. Por algumas respirações, concentre-se na sensação de deixá-las ser o que são. Tente dizer coisas leves em sua mente, como: *Eu aceito a inspiração... aceito a expiração... esta entrada e saída. Aceito que há uma respiração agora... aceito o fato de respirar agora...* Tente ir um pouco mais além: *Eu aceito o fato de que este corpo precisa de ar... Eu aceito que preciso respirar.*

Como é a aceitação? O que é há de agradável e significativo nela?

Aceitando o que é difícil

Agora tente com algo que é difícil de aceitar, começando com um problema pequeno até um médio. Alguns exemplos podem ser: *Não acredito que as pessoas não usam a seta quando dirigem... Não gosto como meu ou minha colega de quarto lava as louças... Gostaria que meu cônjuge fosse menos racional e estivesse mais em contato com seus sentimentos.*

Depois, assim como você fez com a respiração, tente levar esse fato para um contexto de aceitação. Complete os espaços com o fato e diga coisas assim: *É verdade que* _____ *... Vejo que* _____ *... Me rendo ao fato de que* _____ *... Gostaria com todo o meu coração que* _____ *não fosse o caso, mas é... Eu desisto de* _____ *... Eu aceito* _____. Veja se você consegue suavizar a verdade das coisas, se pode se abrir para elas do jeito que são.

Entendendo obstáculos para a aceitação

À medida que tenta aceitar mais outras pessoas, você pode esbarrar em dois obstáculos comuns.

O primeiro obstáculo é evitar a decepção ou até mesmo a desesperança que você pode sentir ao perceber que alguém é dessa forma e que é provável que não mude. Lembre-se que você pode tolerar esses sentimentos dolorosos à medida que passam por sua consciência enquanto encontra uma aceitação mais profunda da realidade da outra pessoa.

O segundo obstáculo é insistir em algo que não vai acontecer. Por exemplo, embora seja triste de encarar, pode simplesmente ser verdade que alguém nunca vai admitir o que fez ou oferecer o amor que você deseja. Nossas forças, não apenas nossas fraquezas, podem nos encrencar, como ter muita determinação para continuar procurando recompensas em lugares em que elas não existem por tempo demais. Depois que você se permitir sentir a frustração e o arrependimento compreensível, imagine se dedicar para algo que tenha mais apoio e possibilidade.

Aceitar alguém por completo

Escolha uma pessoa importante para você. (Você pode fazer essa prática com várias.) Na sua mente, em voz alta ou escrevendo, diga coisas do tipo e veja como se sente: *Eu aceito você por completo... Incontáveis causas, grandes e pequenas, levaram você a pensar, falar e agir desta maneira... Você é quem é... Eu aceito... Você é um fato e eu aceito os fatos na minha vida... Você e eu somos partes de uma situação maior que é o que é, e também aceito isso.*

Se preferir, tenha mais especificidade, nomeando aspectos específicos dessa pessoa que causam incômodo, como: *Eu aceito que você ronca... está sempre atrasado(a)... deixa suas roupas no chão... ainda está com raiva de mim... tem pouco interesse natural em sexo... está brigando com unhas e dentes neste divórcio... não me entende de verdade.*

Considere o quanto você se enrolou com essa outra pessoa, lutando para conseguir mudá-la. Quando reflito sobre isso, tenho consciência da minha insistência, irritabilidade e das mágoas. Veja se você consegue abrir mão de algumas, até mesmo todas, das suas complexidades. Abra-se para o alívio e para a paz que surgirão.

Considere o quanto aprecia quando sente que essa outra pessoa aceita você por completo. É um belo presente — e podemos presentear outras pessoas quando *as* aceitamos. Imagine como seu relacionamento pode melhorar se a outra pessoa sentir que você a aceitou por completo. A aceitação é um presente que traz recompensas.

É fácil aceitar lindos pores do sol, prêmios de ouro e sorrisos amigáveis. São as coisas complexas que são difíceis de aceitar. Então, é importante contemplar a paz que resulta de desistir da luta pelo que é.

Você ainda pode fazer o que puder — o que pode ser nada, infelizmente — enquanto aceita o que é verdadeiro. Isso muitas vezes alivia os conflitos com outras pessoas. E, em algum momento, um alívio, uma calmaria e uma lucidez podem aparecer no seu coração. Com uma liberdade suada, porém, honesta.

23

Relaxe, você será criticado

O título desta prática é um pouco irônico. O que quero dizer é que podemos passar tempo demais nos preocupando com críticas. Sim, trabalhe muito, faça o seu melhor, cumpra acordos, e assim por diante. Porém, cedo ou tarde, alguém vai apontar o que você fez de errado. Muitas vezes, em versões sutis que ainda possuem uma crítica implícita, como um conselho, uma ajuda ou um ensinamento quando você não precisa, correções ou comparações negativas com outras pessoas.

Em outras palavras, críticas são inevitáveis. Não somos robôs ou grandes *bugs*, e é natural as críticas serem desconfortáveis e, algumas vezes, nos magoarem. Porém, seja qual for a ardência *inerente* ao que é válido nas críticas, acrescentamos os golpes causados por nós nessa dor. A "dor extra" — uma ferida autoinfligida — inclui repetir as críticas dentro da sua mente quando a outra pessoa já seguiu em frente há muito tempo. Nós também nos golpeamos com dores desnecessárias quando nos preparamos contra as possíveis críticas *futuras*, ou não nos esforçamos para evitá-las. Mas, na maior parte do tempo, as críticas nunca serão realmente feitas! Temos tendência em transferir para a idade adulta as expectativas que adquirimos quando crianças ou quando jovens adultos. Talvez, você tenha recebido muitas críticas no passado, mas hoje é provável que você conviva com pessoas diferentes e, com sorte, menos críticas. Pessoalmente, já passei tempo demais da minha vida me retraindo ou me preparando muito para impedir um ataque de humilhação antecipado... que, na verdade, era pouco provável de acontecer.

E ainda que as críticas venham, será mesmo a experiência terrível que você teme? Muitas vezes, não. Você pode abstrair, absorver o que for útil, formar suas próprias conclusões sobre a pessoa que está criticando, aprender com as críticas e seguir em frente.

Como

Quando as críticas aparecerem no seu caminho, pare e organize-as em sua mente para que você tenha certeza de que as compreendeu. Pode ser algo limitado e específico, mas muitas críticas são vagas, confusas ou exageradas. À medida que tenta entendê-las, você pode se apoiar, pensando em pessoas que se importam com você e lembrando de algumas das muitas maneiras pelas quais você faz o bem e é uma boa pessoa.

Assim que entender as críticas, você pode decidir o que fazer quanto a elas. Algumas serão completamente equivocadas, quando a outra pessoa estiver errada sobre os fatos ou não entender o contexto maior. Você tem o direito de discordar, mesmo que seja apenas dentro da sua mente.

Outras críticas virão de preferências ou valores que você não compartilha com a outra pessoa. Por exemplo, algumas gostam mais de proximidade do que outras. Só porque você gosta de ficar mais "na sua" do que (digamos) seu cônjuge, isso não torna você uma pessoa fria ou ignorante. Nem a outra pessoa sufocante ou controladora. Isso é apenas uma diferença normal de valores; conversar com curiosidade e compaixão pode ser apropriado, mas não com críticas.

Também há momentos em que fazemos algo que realmente pede por uma correção hábil — às vezes, eu dirigi *sim* rápido demais e minha esposa estava certa quando dizia para desacelerar —, mas as críticas chegam embrulhadas com intensidade emocional, humilhação ou ataque pessoal. Como vimos no capítulo onze ("Perdoe-se"), é bastante útil separar o que é de fato uma falha moral do que é apenas algo para corrigir e aprender. Você pode escolher se afastar do "embrulho" desnecessário em torno do que é válido na crítica, ou pode decidir ignorá-lo e focar apenas em ser mais hábil no futuro.

Às vezes, fazemos coisas que são dignas de um remorso apropriado. Se puder, faça as pazes, e pergunte-se o quanto de remorso gostaria que um amigo ou uma amiga carregasse por ter feito o que você fez, em seguida, veja se pode exigir mais ou menos de si.

Quando sabe que pode lidar com as críticas, não é tão frustrante e você pode se abrir mais para elas. Você não sentirá a necessidade de ficar na defensiva, de resistir ou contra-atacar outras pessoas que fazem críticas. Não precisará de um desvio para evitar problemas, criar uma obsessão ou se planejar demais para ter certeza de que não errará.

Principalmente, apenas reconheça que as críticas, em seus vários formatos e sabores, são um fato da vida. Então, que seja. A vida e o mundo possuem grandes problemas e oportunidades ainda maiores. É hora de viver com mais confiança e coragem.

24

Cuide da sua calçada

Uma ideia fundamental na psicologia social é que os relaciona-mentos desenvolvem um equilíbrio natural estável que resiste à mudança, *mesmo que eles sejam repletos de conflitos e sofrimentos.* Quando era terapeuta de casais, testemunhei várias versões disso. Todos possuem coisas que não gostam no relacionamento. Cada um, de alguma forma, deseja que o outro aja de maneira diferente. Um conhece bem os desejos do outro. Porém, estão travados. Por fim, a pessoa A diz para a pessoa B: "Mudarei se você mudar," e a pessoa B responde: "É claro! Você primeiro."

Temos tendência em passar muito mais tempo pensando em como os outros poderiam nos tratar melhor do que pensando em como poderíamos tratá-los melhor. Isso se intensifica quando há um conflito considerável. Nos tornamos especialistas no que eles poderiam e deveriam fazer melhor.

É claro, a outra pessoa também tem uma lista.

Por mais normal que isso seja, cria impedimentos, ciclos vicio-sos e espirais crescentes em nossos relacionamentos. Pode parecer algo sem saída. Emocionalmente, é como marinar em um senti-mento crônico de mágoa e ressentimento.

A alternativa é o que chamo de *virtude unilateral*, o que significa viver de acordo com as suas regras, mesmo quando outras pessoas não vivam. É claro, coloque mais ou menos 20% da sua atenção no que elas poderiam fazer melhor... e 80% no que você poderia fazer melhor. Assuma a responsabilidade máxima razoável para atender os desejos e as queixas da outra pessoa — sabendo que *você* decide o que "responsabilidade máxima razoável" significa.

No começo, você pode pensar: *Arrrgh, por que eu devo começar? Já me magoaram tanto.* Porém, há muitos benefícios em cuidar da sua calçada — como *você* julgar melhor. De imediato, há menos sensação de estagnação e desamparo porque você está focando o que está no *seu* controle — que é você — em vez do que não está: a outra pessoa. Não importa o que ela faça, é bom seguir o caminho mais ético e aproveitar as "alegrias da inculpabilidade". Além disso, é a melhor estratégia para receber um tratamento melhor dos outros, pois diminui o calor emocional, aborda os problemas, e fornece menos motivos para encontrar falhas. Com o tempo, essa abordagem colocará você em uma melhor posição para pedir — e, se for necessário, insistir — que a outra pessoa também atenda suas necessidades e seus desejos.

Como

A essência é simples: concentre-se principalmente no que *você* pode fazer para melhorar o relacionamento. Na vida, podemos "tratar das causas", mas não podemos controlar os resultados. Você pode regar uma árvore frutífera, mas você não pode *forçá-la* a lhe dar uma maçã. Parar de se preocupar com os outros e se ocupar com a lista de tarefas do dia pode ser um alívio maravilhoso.

Encontre autenticidade

Isso não significa sorrir e agir como se tudo estivesse bem quando não está. Em qualquer momento, existe uma variedade de maneiras que podemos responder outra pessoa de uma forma autêntica, e a virtude unilateral significa almejar o topo dessa variedade. Por exemplo, se a situação com uma pessoa estiver tensa, você pode manter a civilidade enquanto também mantém a calma, a distância e a formalidade. Ao mesmo tempo, você cuidaria das suas tarefas e cumpriria seu acordos enquanto ficaria fora de batalhas sem futuro a fim de mudá-la.

Cuide-se

Para continuar seguindo o caminho mais ético, cuide-se bem, como discutimos na parte um. Atente-se às coisas que turvam sua mente e levam você a reagir de maneira exagerada, como a de dormir pouco ou ingerir muito álcool. Mantenha a motivação lembrando dos benefícios para você e para outros.

Cumpra suas responsabilidades

Em um papel ou na sua mente, identifique suas responsabilidades no relacionamento. Dependendo da situação, pode incluir itens concretos como: "lavar a louça todas as noites; entregar o relatório de vendas semanal às 16h toda sexta-feira." Pode incluir itens mais gerais ou emocionais, como: "estar presente nas conversas; oferecer apoio quando estiver interagindo com os sogros." Considere *tarefas do relacionamento*, como: "reservar um momento para 'nós'; fazer perguntas sobre o que a outra pessoa está sentindo." Você pode imaginar sua "descrição de trabalho" como pai ou mãe, funcionário(a), filho(a) adulto(a) de pais idosos, cônjuge, amigo(a) ou apenas como ser humano decente. Embora isso talvez pareça estranhamente formal, colocar dessa forma pode tornar mais impessoal e, portanto, apenas um dever, independentemente de quão bem os outros cumpram as responsabilidades deles.

Viva de acordo com as suas regras

O que dará a você o sentimento de respeito quando se deitar para dormir todos os dias? Este é o seu código de conduta pessoal.

Embora já pareça óbvio, é útil torná-lo explícito na sua mente ou em um papel. Pode incluir coisas como: *Oferecer o mesmo tempo de fala para outros; não ficar chapado na frente das crianças; parar de insistir nos meus pontos; ser útil quando for possível; cumprir meus acordos*. Lembre-se de momentos em que você se perdeu nos conflitos: como gostaria de ter agido?

Considere as queixas

Queixas são normais. A maioria de nós faz queixas sobre outras pessoas. Nos relacionamentos, elas costumam ser bem claras, e você pode perguntar se não tiver certeza. Sabendo o que está na Lista de Queixas de outra pessoa — ou, se preferir, Lista de Desejos —, pense no que você poderia fazer *de forma sensata* para tratar de alguns, da maioria, ou até mesmo de todos os itens. Imagine como seria dar conta, pouco a pouco, da lista inteira e os benefícios que traria para você e para o relacionamento.

Siga o caminho mais ético

É muito bom saber o que *virtude unilateral* significa para você. Então, a maioria dos elementos da vida se tornam mais claros: apenas faça sua parte — como *você* a define. Pode não ser fácil, outras pessoas podem entrar no seu caminho e a situação pode ainda ser muito desafiadora. Mesmo assim, você pode encontrar a sensação de paz e de autovalorização apenas seguindo seu caminho a cada dia.

À medida que caminha, você verá como outros responderão. Depois de uma quantidade razoável de tempo — medida em semanas ou meses, não anos —, você pode repensar o relacionamento e decidir se quer falar mais sobre seus desejos e suas queixas. Se quiser, será em uma base muito mais forte. E, o tempo todo, saberá em seu coração que fez o melhor que pôde.

PARTE QUATRO

Defenda-se

25

Livre-se do medo desnecessário

É normal ter precaução ou apreensão ao redor de outras pessoas. Por exemplo, se alguém discorda de você em uma reunião, você pode sentir um incômodo e se preocupar com o que os outros pensam: *Insisti demais? O chefe gosta de mim? Será que me acham pouco inteligente?* Quando você vai para casa no fim daquele dia, digamos que seu filho adolescente está quieto e irritadiço, como sempre. Você quer dizer para ele que a distância fria entre vocês é horrível, e quer abrir seu coração... mas parece estranho, você teme deixar as coisas piores e quando você falava com honestidade durante a infância as coisas não iam tão bem, então, de novo, não diz nada.

Outras ansiedades sociais incluem preocupações em relação à aparência, falar em público, falar com figuras autoritárias ou estar com pessoas diferentes de você. Algumas vezes, essas preocupações são justificáveis. Alguém pode realmente querer pressionar, magoar ou explorar você. A segurança é a nossa necessidade mais básica, e é crucial ter lucidez quanto a ameaças e ter habilidades suficientes para lidar com elas. No entanto, muitas de nossas preocupações quando estamos com outras pessoas não são justificáveis. Elas não se importam tanto com o que fizemos ou, caso se importem, é um sentimento passageiro.

E, se estiver enfrentando uma verdadeira ameaça, você pode ter determinação e confiança sem sentir ansiedade. A ansiedade é algo que é *adicionado* às nossas respostas. Às vezes é útil, porém, costuma obscurecer nossos pensamentos, agravar o sofrimento e piorar os conflitos com outros. Podemos sentir pouca ou muita ansiedade ao redor de outras pessoas. O que é mais comum?

A segunda opção: ansiedade desnecessária misturada com o sabor da vida, o que o torna amargo.

Como

A ansiedade pode se tornar crônica, um tipo de hábito, e é difícil se livrar. As pessoas podem até ficar ansiosas por não estarem ansiosas, pois assim podem baixar a guarda e se magoar de novo. É importante entender que *você pode ter atenção e ser forte em relação às potenciais ameaças enquanto não sente ansiedade.*

Tenha consciência dos custos da ansiedade desnecessária, aquela que não é informativa ou útil. Além de nos sentirmos mal, ela nos limita, retrai o que sentimos de verdade e nos esconde — ou nos transforma em pessoas agressivas. Decida dentro do coração se você quer se libertar de preocupações inúteis.

Abra mão da paranoia dos tigres de papel

Isto ajuda a entender por que o sistema nervoso é tão facilmente monopolizado pelo alarme. Para manter nossos ancestrais vivos, a Mãe Natureza desenvolveu um cérebro que tem tendência a superestimar ameaças, subestimar as oportunidades e os recursos para lidar com as ameaças, e cumprir com as oportunidades. Isso é bom para condições de vida ou morte, mas é horrível para o bem-estar e para a satisfação em relacionamentos. Não é nossa culpa que temos uma ansiedade desnecessária. Mas *é* nossa responsabilidade — e *oportunidade* — falar sobre ela.

Então, sempre que algo parecer ameaçador para você — como o que você acha que irá acontecer se for mais vulnerável, emocional ou firme com alguém — pergunte-se:

- Estou superestimando esta ameaça?
- Estou subestimando as oportunidades?
- Estou subestimando os recursos — tanto em mim quanto ao meu redor — para lidar com esta ameaça e explorar as oportunidades?

Esse afastamento para entender sua própria mente pode ajudar a diminuir a ansiedade de imediato.

Reconheça seus turbocompressores

Considere a sua vida, especialmente a sua infância, e o que foi ameaçador, assustador e até mesmo traumático nela. Como você aprendeu a lidar com as ameaças e a administrar a ansiedade? Esses ensinamentos podem ter sido úteis na época, mas agora estão alojados no corpo como turbocompressores, distorcendo suas percepções, acelerando e predispondo suas emoções, conduzindo seus impulsos e ações. Pare um momento para fazer uma lista de seus próprios "turbocompressores". À medida que você ganha mais consciência sobre eles, eles terão menos poder sobre você. Você pode falar sabiamente, algo como: *Isso não é o ensino médio... Ele não é meu pai... O que me disseram foi uma crítica, mas não um ataque terrível... Não passei por uma completa rejeição, por mais que me sinta dessa forma... Esses sentimentos são principalmente memórias emocionais antigas, não possuem base no que é verdadeiro aqui e agora.*

Não tenha medo

Pense em alguém que você *sabe* que se importa com você, e tente dizer: *Eu sei que você não vai me atacar*. Encontre uma maneira de fazer a afirmação parecer verdadeira, então observe como se sente. Faça isso de novo com esta afirmação: *Mesmo se você me atacasse, ainda estaria tudo bem no fundo do meu ser.* Deixe a verdade e os sentimentos bons relacionados a essa pessoa se aprofundarem em você. Aqui vai mais uma: *Posso cuidar de mim quando estou com você.* Também deixe se aprofundar. E: *Se você me magoar, ainda ficarei bem no fundo.* E: *Desejo o seu bem.* Se encontrar dificuldades com essa prática, tente com outras pessoas que amam você. Use a sensação de força suave que exploramos. Tente ir até um lugar em que você reconhece as outras pessoas e as situações pelo que são de verdade, que cuide de todas as suas necessidades, e que *nenhuma ansiedade desnecessária é adicionada.*

Em seguida, faça essa prática pensando em alguma amizade... depois com uma pessoa neutra... e então com alguém complexo para você. Se realmente existir algo que cause ansiedade, que seja. Do contrário, continue abrindo-se para a experiência de ser realista quanto aos outros e forte para benefício próprio — sem sentir qualquer medo inútil.

Tente essa abordagem enquanto interage ativamente com outras pessoas. Consegue falar com um parente, um amigo, uma pessoa neutra e uma pessoa complexa sem nem um pouquinho de preocupação, alarme e desconforto que sejam *desnecessários*? À medida que você se aprofunda na sensação de ter a coragem apropriada com outras pessoas, continue deixando essa experiência entrar para que cada vez mais você crie raízes nessa maneira de viver.

Aproveite a sensação de liberdade, de maior conforto com outras pessoas e de confiança que essa prática traz. Observe como você pode relaxar e se abrir mais, ter mais paciência e cuidado com outras pessoas quando não estiver com medo.

26

Encontre estabilidade

Já estive na Nova Zelândia várias vezes, e realmente respeito e gosto de lá. Aprendi uma palavra maori — *tūrangawaewae*, "um lugar para morar" — que significou muito para mim durante anos.

Tenho certeza de que não sei o significado completo da palavra no contexto cultural. Porém, basicamente, é claro que todos precisamos de um lugar para morar. Um local físico, com certeza — uma lareira e uma casa, terra e mar, uma cama para deitar-se —, mas também em lugares psicológicos ou espirituais, como a sensação do amor, um centro interior calmo e claro, o conhecimento dos fatos, a compaixão e as éticas, e os planos realistas. Uma noção relacionada a isso é a do *refúgio*: coisas que oferecem santuário, estímulos e inspiração. Por exemplo, uma pessoa pode encontrar refúgio em um professor, em um corpo de sabedoria, e em uma comunidade de pessoas com bom coração.

Precisamos de um lugar para morar, mesmo nas melhores circunstâncias. E os desafios não param. Talvez seu cônjuge tenha acabado de explodir com você ou você tenha descoberto que alguém do seu trabalho fez uma fofoca às suas custas. Talvez você esteja enfrentando um problema de saúde ou financeiro, ou uma pandemia mundial. Sempre que algo lhe abalar, é de uma importância especial encontrar um lugar para se estabelecer.

Como
Encontre sua base imediata

Comece com seu corpo e com o sentimento simples, porém inegável, de estar *presente*. As sensações das respirações... o sentimento do seu pé no chão, suas costas contra uma cadeira. Quando se levantar, você pode dobrar um pouco os joelhos e sentir o equilíbrio e a estabilidade. Observe que você *continua sendo* — o termo do inovador pediatra e psicanalista Donald Winnicott para a necessidade básica, com origem na infância, de sentir e saber que você *é*, que você continua. Parece tão óbvio, porém, é reconfortante de uma maneira profunda.

Essa sensação contínua de ser ajuda você a permanecer no presente. O que quer que tenha acontecido no passado e o que vai acontecer no futuro, tudo o que é verdadeiro *agora* é absolutamente verdade no presente e não pode ser tirado de você. Tente separar os pensamentos e temores sobre o futuro da realidade do presente. O que é verdadeiro agora? Provavelmente muitas coisas boas. Existe uma estabilidade confiável na consciência. Sua mente está trabalhando, você pode pensar, planejar e se movimentar. Mesmo que haja estresse e mágoa, você está basicamente bem no fundo do seu ser? Muitas vezes, a maioria das pessoas estão *basicamente bem agora*. Reconhecer esse fato, várias vezes, acalma e é um grande antídoto contra a ansiedade; essa é uma das práticas mais poderosas que conheço.

Olhe ao redor. O que oferece apoio e confiança para você? Objetos físicos, como cadeiras e paredes, garfos e lápis, comida e água. Pessoas próximas e afastadas, amigos e família, profissionais da saúde física e mental, professores e outras fontes de sabedoria. Nos acostumamos com a bondade constante e o cérebro desliga, portanto, tente observar de maneira proposital, e depois deixe essa observação transformar-se em sentimentos de conforto e confiança.

Veja com clareza

Para encontrar estabilidade, determine os *fatos* relevantes. A não ser que seja uma emergência, se dê o tempo necessário para ter certeza do que aconteceu. Por exemplo, o que a outra pessoa realmente disse? Em qual contexto? Com qual tom de voz e intenção? Outras pessoas estavam envolvidas, e de quais maneiras? Quais são os fatores contínuos que poderiam levar isso a se repetir, como alguém pensando que não precisa de fato cumprir os acordos com você?

Algumas pessoas podem não gostar de seus esforços para ver com clareza, para chegar ao fundo das coisas. Pode haver muitas razões para isso, desde não querer tirar um tempo para conversas... para ficar na defensiva e não admitir um erro... até a mentira proposital. Se a outra pessoa está acostumada a ser dominante no relacionamento, as coisas podem ficar intensas se você resistir às negações e distrações. Porém, você pode abrir seu coração com compaixão enquanto fecha sua mente para aqueles que podem estar tentando entrar nela para causar confusão ou para intimidar.

Se a questão não for tão importante e você consegue sentir que a insistência por clareza criará um problema desnecessário no relacionamento, então você pode desistir. Por outro lado, você pode decidir que o desconforto da outra pessoa não é uma razão tão grande para não ter clareza em um assunto importante. Por exemplo, já trabalhei com vários profissionais, incluindo encanadores, eletricistas, advogados e médicos. Todos tinham boas intenções. Às vezes, diziam que algo era uma verdade ou prioridade e, como não fazia sentido para mim, eu tentava descobrir mais. Minha esposa revirava os olhos — e, às vezes, os profissionais também. No entanto, eu continuava perguntando, educadamente. Na maioria das vezes, eles esclareciam que, de alguma forma, eu entendi errado. Porém, uma a cada vinte vezes, minhas perguntas revelavam algo importante.

Se você tem um sentimento esquisito sobre algo, confie nele. Sim, muitas vezes não conseguimos descobrir cada detalhezinho.

Planeje

Saber o que você vai *fazer*, ou pelo menos o próximo passo que vai dar, fornece calma e estabilidade. Pode ser algo simples e concreto, como colocar um pequeno calendário na geladeira para as tarefas do casal. Ou pode ser algo mais geral e abrangente, como decidir terminar um relacionamento pouco a pouco.

A proposta do plano é alcançar objetivos específicos. Com esta pessoa, neste relacionamento, o que é mais importante para você? Quais são suas prioridades, seus valores mais relevantes? Com o que você se importa? O que você acha que é o seu dever para com outros e com você? Em resumo: *Qual é o seu por quê?*

Quando você está tentando se estabelecer, pode ser útil pensar em:

- **Sua prática pessoal** — Como você pode proteger e fortalecer seu próprio bem-estar e desempenho? Isso é a base de tudo, além de ser o que mais está sob seu controle direto. Por exemplo, você pode se comprometer a passar mais tempo meditando, amando e agradecendo todos os dias. É um bom plano! Você também pode decidir não se envolver com interações, pessoas ou mídias que adicionam pouco valor e são estressantes.
- **Proteger seus interesses** — Você está em algum perigo imediato? É um fato triste que a violência doméstica é comum em todos os setores da sociedade. Se você já sofreu ou pode sofrer abusos físicos e emocionais, a recomendação padrão é falar com um profissional antes de tentar abordar o assunto com a outra pessoa. Ou talvez você faça parte de uma organização e está lidando com um supervisor

medíocre ou com um rival como colega de trabalho; se for o caso, seu plano pode incluir reunir vários documentos com suas questões e encontrar aliados e mentores — e talvez procurar um trabalho melhor em outro lugar. Organize saúde, finanças e preparações para uma emergência; pode parecer assustador de primeira, mas você pode fazer uma lista de ações sensatas e reduzi-las um dia de cada vez.

- **No bem de outras pessoas** — Talvez, um professor não atenda às necessidades específicas dos seus filhos, então seu plano pode variar de apenas terminar o ano letivo para tentar trocá-los de turma. Ou sua mãe teve um derrame e seu plano é encontrar um melhor atendimento domiciliar para ela.

No seu planejamento e nas ações que o seguem, concentre-se no que está sob seu controle. Faça uma lista e atue nela. Não há uma substituição para uma ação eficaz. Na minha experiência como terapeuta, muitas pessoas sabem o que devem fazer, apenas não fazem. Dê um passo, olhe ao redor, dê outro. Continue. A ação ameniza a ansiedade.

Saiba que você não está só. O que quer que você esteja lidando, desde uma briga com colegas de quarto para uma preocupação com seus filhos até uma angústia profunda pelo seu país, outras pessoas também estão lidando com isso ou com algo semelhante no momento. Você se importa com as pessoas e elas se importam com você. Vivemos em uma rede de relacionamentos, mesmo que esteja destruída em alguns pontos. Você pode sentir camaradagem por outras pessoas que também estão abaladas e tentando se estabelecer.

Use a raiva, não deixe que ela use você

A raiva é complicada. Por um lado, a raiva — o sentimento de irritação, ressentimento, cansaço, indignação, fúria ou ódio — nos alerta sobre verdadeiras ameaças, lesões e verdadeiros erros que precisam de correção, e nos incentiva a tomar uma atitude. Na minha família, durante minha infância, meus pais tinham um monopólio da raiva. Então, eu reprimia a minha, junto com muitos outros sentimentos — tem sido uma longa jornada para recuperar meu interior, incluindo a raiva presente nele.

Seja em um relacionamento pessoal ou na sociedade em geral, pessoas com mais poder ou privilégios podem dizer para outras que elas não deveriam se estressar tanto, quando, na verdade, elas possuem todo o direito e muitas razões para sentirem raiva. Em qualquer situação, você pode formar sua própria opinião sobre o que está acontecendo, qual é a gravidade e se você quer sentir raiva ou continuar com ela.

Por outro lado, a raiva:

- Deixa um sentimento ruim depois que passa.
- Limita a atenção e, por isso, não enxergamos a situação completa.
- Dificulta o julgamento, nos levando a agir de maneira impulsiva e até mesmo violenta.
- Cria e intensifica conflitos com outras pessoas.

A raiva pode parecer *muito* justificada se uma pessoa sentir que foi atacada, enganada, decepcionada ou provocada: *É claro que estou com raiva, você* me deixou *com raiva, é* sua *culpa.* Ela é sedutora, muitas vezes acompanhada de uma descarga de dopamina que parece gratificante. No entanto, causa danos na pessoa que está com raiva. Por exemplo, hostilidade crônica apresenta um risco significativo para a saúde física, incluindo doenças cardiovasculares. Em uma metáfora do budismo primitivo: "A raiva tem uma ponta adoçada e uma farpa envenenada." Ou, considere o ditado: "O ressentimento é como tomar veneno e esperar pela morte dos outros."

A raiva também magoa os outros, às vezes de maneiras que voltam para nos prejudicar. Existem quatro tipos principais de emoções negativas — raiva, medo, tristeza e vergonha — e é a raiva que muitas vezes possui o maior impacto em outras pessoas. Basta irritar-se com alguém uma só vez para que essa pessoa altere permanentemente o relacionamento com você — como aprendi com grande pesar. Duas pessoas podem ficar presas em ciclos viciosos de queixas e vinganças. Processos semelhantes podem acontecer também em grupos, desde uma família contra outra até nações completas. Os grupos muitas vezes formam uma identidade compartilhada por conta de queixas em comum, e ao longo da história, muitos líderes exploraram isso para aumentar seus poderes.

Então, como você pode encontrar o equilíbrio entre respeitar e usar sua raiva sem se envenenar ou causar problemas desnecessários nos relacionamentos?

Como

Costumamos ter dois estágios de raiva. Primeiro vem a *preparação,* como um sentimento crescente de fadiga, fome, dor, estresse, frustração, mágoa ou maus tratos. Depois vem a *provocação,* talvez alguém que fez um comentário insensível. A preparação é como uma pilha de fósforos e a provocação é a faísca que acende uma fogueira.

Atente-se à preparação

Tente ter consciência da preparação e lidar com ela no início, antes que cresça. Por dentro, você pode respirar fundo e fazer uma longa exalação, olhar pela janela por um minuto, ir lanchar, pensar em algo que transmita paz ou amor, ou encontrar uma sensação geral de aceitação em que as coisas podem não ser do seu agrado, porém, não lhe causam raiva. Por fora, você pode fazer o possível para melhorar a situação, como desligar a televisão que está exibindo o noticiário que está começando a causar incômodo ou terminar uma ligação de telefone intensa. A longo prazo, você pode usar as ideias e ferramentas da parte cinco deste livro para abordar as questões do relacionamento.

Desacelere

Quando estiver em áreas provocantes, tente desacelerar antes de dizer ou fazer algo que se arrependerá depois. No seu cérebro, informações recebidas — talvez um carro cortando você na estrada ou uma palavra desdenhosa de um cônjuge — são processadas ao longo de duas faixas (para resumir processos complexos). A primeira passa rapidamente pelas regiões subcorticais, como a amígdala, que pode desencadear a resposta neuro-hormonal ao estresse em menos de um segundo. Seu coração passa a bater mais forte, a adrenalina e o cortisol começam a surgir na corrente sanguínea, e os sentimentos de medo e raiva fervem no cérebro. Na segunda faixa, as regiões pré-frontais estão começando a acordar para entender o que aconteceu, qual a gravidade e o que fazer quanto a isso. O córtex pré-frontal (PFC) é uma parte fantástica do equipamento biológico, mas é lenta em comparação ao subcórtex, que possui uma vantagem em conduzir impulsos.

Quando você pausa alguns segundos para se recompor, seu PFC pode acompanhar e levar uma noção da situação completa, seus interesses a longo prazo, as necessidades de outras pessoas, as diferentes opiniões e um plano de ação passo a passo até você.

Ouça a raiva

Se a raiva vem em forma de explosão ou em um humor mais oculto de irritação e agravação, ela está dizendo algo importante. Você pode ter cautela em como a expressa enquanto, por dentro, ainda se abre para ela e a explora.

Qual a sensação da raiva no seu corpo? Quais pensamentos sobre outras pessoas ela traz? Qual senso de identidade isso traz, como o de humilhação ou maus tratos? Existe uma origem para essa raiva, talvez em um relacionamento específico ou de maneira mais geral em sua vida, como muitas experiências de ser deixado de lado durante a infância ou de discriminação na idade adulta? Quais são os desejos contidos na raiva, como o de se afastar ou de explodir?

Há algo por baixo de toda a raiva? Talvez existam novos sentimentos mais suaves, como a frustração, a mágoa, a preocupação, a culpa ou a derrota. Será a raiva uma maneira de continuar afastando esses sentimentos mais vulneráveis?

Há alguma mensagem na raiva que é importante você ouvir? Por exemplo, se você está com muita responsabilidade, precisa diminuir ou outros precisam ajudar — ou ambos? As coisas foram longe demais com alguém e você precisa se esclarecer? Alguém está causando um incômodo acidental porque não conhecem bem sua personalidade e parariam se você pedisse? Está com raiva de *você* por alguma coisa e descontando em outras pessoas? Continua interagindo com alguém em situações que não sente compreensão e respeito, e chegou a hora de fazer uma mudança nesse relacionamento? Por mais bobo que pareça, você pode perguntar para a raiva o que ela está tentando dizer; você pode se surpreender com o que ouvirá.

No meio de uma discussão ou em uma situação desagradável, pode ser útil tentar encontrar esse tipo de compreensão. Por fora do calor do momento, você pode tirar um tempo para considerar as perguntas do parágrafo anterior, se há um problema recorrente em um relacionamento ou se ele é complexo no geral. Se outras pessoas diminuem, invalidam ou criticam seus sentimentos de raiva, tente entender o motivo. É bem-intencionado, até mesmo equivocado, ou é por interesse próprio?

Não deixe a raiva ter vantagem

Há alguns anos, assumi o compromisso pessoal de não falar ou agir *com* raiva. Duvido que alguém me descreveria como uma pessoa raivosa, porém, esse compromisso me fez perceber quantas vezes a raiva estava motivando e infundindo minhas falas e ações, mesmo que com a leve revirada de olhos, o tom da minha voz, os suspiros exasperados, as palavras críticas ou as instruções autoritárias. Você pode se perguntar com que frequência acontece um "vazamento" de raiva. Pode haver certas situações em que você sente que agir com raiva é necessário e apropriado, como quando estiver lutando por sua vida, confrontando injustiças ou se incentivando a terminar um relacionamento abusivo. Porém, no geral, é possível manter a honestidade com você sem falar ou agir com raiva. Você pode sentir e ouvir a raiva, acessar sua energia e foco, sem deixar que ela assuma o controle.

Dependendo da situação, você pode ficar em silêncio, observar e esperar até que um momento mais apropriado apareça. Ou você pode falar de maneira firme, assertiva e até mesmo intensa. Pode dizer que está com raiva de algo sem descontar em outras pessoas. Pode fazer uma pausa da conversa se o assunto for incômodo. Você reconhecer seus sentimentos de raiva e falar sobre o que há por trás, como por exemplo a incompreensão e a decepção.

É provável que descubra que esse compromisso levará você a ficar em posições melhores com outras pessoas, como aconteceu comigo. Você poderá falar sobre questões fundamentais que estão por trás da raiva. As outras pessoas provavelmente não desviarão a atenção do *que* você está dizendo por conta de *como* está dizendo. Pense em pessoas que são, para você, exemplos de força e eficiência sem serem hostis ou desagradáveis, e pense em como seria ser como elas.

Um provérbio nos diz que agir com raiva é como atirar carvões quentes em outra pessoa; ambos se queimam. A história da humanidade já se queimou tanto. Há muitas queimaduras. Mentes demais foram queimadas pela raiva.

Honestidade, defesa, grande compaixão, limites definidos, irregularidades confrontadas, a proteção de outras pessoas — nada disso é ou necessita de raiva. Sinceramente, podemos falar a verdade com o poder da autovalorização e com uma coragem que é livre da raiva.

Diga a verdade
e pratique a justiça

Como muitas pessoas, às vezes me preocupo sobre o que será necessário para todos nós vivermos em paz — seja em casais ou famílias, em uma comunidade ou um país, ou no mundo como um todo. Então, me lembro do que ouvia na escola: *Diga a verdade. Seja justo.*

É o que pedimos para nossos filhos. É o que procuramos em amizades, no trabalho e na vizinhança. Se um de seus filhos não conhece as regras e tenta trapacear em um jogo de tabuleiro, você ensina: não é certo. Queremos que os caixas de supermercado nos deem o troco correto e que os mecânicos sejam honestos sobre os reparos que o carro necessita. É fácil. Esses princípios podem parecer abstratos, mas quando você pensa em situações comuns do cotidiano — alguém no trabalho que sorri para você, mas fofoca pelas suas costas, um parceiro infiel, aquele chefe que não reconhece suas contribuições —, consegue enxergar como são relevantes.

As pessoas discordam e, às vezes, competem umas com as outras. Conflitos são uma parte normal de qualquer relacionamento. Mas, seja em um jogo de cartas, pais discutindo como dividir as tarefas de casa ou candidatos tentando vencer uma eleição, esperamos condições iguais. Os direitos deles também são os nossos, e as regras para eles também são aplicadas a nós. Se todos aceitarem esses padrões, a vitória é ainda melhor porque foi merecida. Perder pode ser ruim, mas, pelo menos, você sabe que não trapacearam.

Bons processos levam a bons resultados. Então, se houver resultados ruins — desde bullying no parquinho até problemas em uma nação —, faz sentido descobrir qual processo ruim levou até tais resultados. Em todos os tipos de relacionamentos, bons processos devem incluir dizer a verdade e praticar a justiça. Não é uma garantia, mas *é* garantido que mentir e trapacear envenenam qualquer tipo de relacionamento com o tempo.

Como

Começamos com a calçada. Podemos nos exaltar, argumentar, até mesmo exagerar, mas não mentir. Se dissermos algo de errado, admitimos — ao menos eventualmente. Não punimos as pessoas por tentarem encontrar a verdade. Não agimos de má fé, contra-atacamos ou provocamos para causar agitação. Se dizemos aos outros que algo é ruim para eles, tentamos não fazer. Isso não significa ser algum tipo de santo ou santa. É apenas voltar a atenção para os padrões básicos que desejaríamos em qualquer sala de aula escolar.

Porém, o que você pode fazer com aqueles que não fazem o mesmo?

Veja o que você vê

Diga a verdade a *você* sobre o que está acontecendo. Pode ser chocante (e difícil de acreditar) que uma pessoa não sente necessidade de ser honesta e justa com você — ainda mais se ela foi agradável de outras formas. Observe por um tempo e veja se ela está sendo desonesta de propósito ou apenas está errada sobre os fatos. Ela é verdadeiramente narcisista ou até mesmo sociopata — ou apenas preocupada e sem noção social? Ela enxerga você apenas como um meio para um fim, não como um ser que tem seu próprio valor?

Exageros comuns, persuasões, reclamações, sarcasmos e insistências são uma coisa, mas mentiras e trapaças contínuas são outra. *O desprezo pela verdade e pela justiça é a questão principal.*

132 • Defenda-se

Reconhecer enquanto acontece é muito esclarecedor. Você pode não ser capaz de mudar nada no mundo, mas, pelo menos, pode se estabelecer na sua mente.

Encontre aliados

Todos nós precisamos de aliados. Considere quem você pode usar para avaliar a situação e talvez ajudar. Por exemplo, em várias situações, já procurei meus amigos, parentes, colegas de trabalho, mentores, advogados e agências reguladoras do governo.

E outras pessoas também precisam que nos aliemos a elas.

Fale

De uma forma ou de outra, mentir e trapacear são como "parasitar", quando uma pessoa tira proveito de outras. Durante a maior parte da nossa história, as pessoas viveram em pequenos grupos ou vilas em que podiam se unir para identificar, humilhar e punir os aproveitadores. *Humilhar* e *punir* são palavras fortes. Mas, sem elas, não haveria consequências e nossos ancestrais não seriam capazes de desenvolver as excelentes capacidades de cooperação, generosidade e justiça.

Às vezes não é seguro chamar atenção de um aproveitador, como um valentão, um charlatão, um mentiroso casual ou um predador sexual. Então, você protege a si e aos outros da melhor maneira possível.

Porém, se *puder*, chame atenção para as violações da verdade e da justiça, de preferência com aliados que façam o mesmo. Pessoas mentirosas e trapaceiras são muito boas em distrair os outros com contra-argumentos absurdos e dramáticos. Precisamos nos concentrar nos valores fundamentais da honestidade e da justiça, e não nos deixar enganar por questões secundárias. Continue perguntando coisas simples e poderosas, como:

Por que você continua mentindo? Por que precisa trapacear para vencer? Você é confiável? Por que deveríamos ouvir você novamente?

Reconheça o grau político

Sou psicólogo e meu foco principal é o grau individual. Contudo, muitas das forças que nos magoam pessoalmente vêm do grau *político*. Pessoas honestas e honoráveis podem ter discordâncias intensas sobre como administrar uma vila ou um país. Porém, podemos encontrar um denominador comum nos princípios básicos de não mentir e não trapacear — e que a melhor equipe vença. É por isso que precisamos nos unir. As questões políticas atuais não estão entre a direita e a esquerda. Estão entre aqueles que contam a verdade e são justos — e aqueles que não são.

Mentir é justa causa em qualquer negócio e deve acontecer o mesmo em qualquer cargo eletivo. Podemos denunciar mentirosos no Twitter enquanto ficamos de fora de discussões estúpidas. Podemos apoiar jornalistas, cientistas e advogados que buscam a verdade das coisas. Podemos nos concentrar na base de qualquer democracia: eleições livres, justas e inclusivas. Se as pessoas precisam mentir e trapacear para entrar e continuar em um cargo eletivo, elas podem ter autoridade legal, mas nunca terão legitimidade moral.

Qualquer pessoa, em cargos altos ou baixos, que mente e trapaceia — e qualquer pessoa que as apoia — seria punido em um ambiente escolar, uma igreja ou um templo, um mercado ou uma vila. Precisamos que exatamente o mesmo aconteça em nossas praças públicas. Porque todos vivemos nesta praça, e o que acontece nela possui muitas consequências pessoais para cada um de nós.

29

Não se deixe intimidar

O poder é um aspecto inerente da maioria de nossos relacionamentos. Em qualquer hierarquia, a pessoa que está um degrau acima tem mais poder do que a pessoa que está um degrau abaixo. Algumas pessoas têm uma autoridade apropriada sobre outras, como professores sobre alunos em uma sala de aula. O poder não é bom ou ruim por natureza. A questão é *como* o usamos? Se temos poder sobre as pessoas, temos responsabilidades com elas. Nós podemos usar nosso poder para bons propósitos, buscados de boas maneiras.

Reflita por um momento sobre o poder em seus relacionamentos. Quem tem mais tendência em dominar, quem tem a última palavra ou a última decisão? Quem tem o maior status? Quem supostamente tem mais informações, é mais inteligente, mais competente ou com mais saúde psicológica? Em um relacionamento importante, você sente que precisa ter mais assertividade, talvez sobre coisas específicas? Ou há uma impressão de que você deve dar mais espaço para a outra pessoa? Essa exploração pode ser *muito* esclarecedora.

Relacionamentos podem ter turbulências comuns. Talvez uma pessoa seja muito mandona, controladora ou insistente. Não é ideal, mas é comum… e, eventualmente, o outro pode recuar.

E então existem os *abusos* de poder. Esses vêm de muitas formas, incluindo maus tratos de pessoas vulneráveis, intimidação física ou emocional, fraude criminal, discriminação estrutural e tirania. Como termo genérico, usarei uma palavra simples para isso: *bullying*.

Infelizmente, os valentões são comuns. Em casa, no ambiente escolar, em organizações e na política, eles criam grandes sofrimentos. O que podemos fazer quanto a isso?

Como

Reconheça os valentões

Os valentões são:

- **Dominantes** — Precisam ser alpha; procuram alvos que sejam mais fracos; não têm compaixão.
- **Defensivos** — Não admitem culpa; desprezam outros; evitam responsabilidades.
- **Enganosos** — Manipulam queixas para ganhar apoio; trapaceiam; escondem a verdade já que a base do poder está nas mentiras.

Tente ter consciência de qualquer ingenuidade dentro de você que apenas não consegue acreditar que outra pessoa ou outro grupo agiria assim. Como a escritora e ativista Maya Angelou declarou: *Quando alguém lhe mostrar quem é, acredite na primeira vez.*

Reconheça os apoiadores

Alguns indivíduos e certas organizações toleram, e até mesmo valorizam, os valentões, como quando torcem enquanto uma pessoa que desprezam está sendo magoada. Essa permissão vem de diferentes formas, incluindo fingir que tudo está normal ou declarar falsamente que "acontece dos dois lados." De parquinhos até parlamentos, pessoas com um "estilo de personalidade autoritário" — orientado pela dominância e duramente punitivo — possuem uma afinidade por líderes que são valentões e que, muitas vezes, formam a essência de seus apoiadores.

Proteja-se

Algumas vezes, você se vê sem saída, pelo menos por um tempo. Tenha cuidado. Pense nas suas opções e faça o que for melhor para você e para quem você ama.

Tenha compaixão

No fundo, a mente de um valentão é como um reino infernal de sentimentos reprimidos de fraqueza e vergonha, sempre ameaçando invadi-lo. Há muito sofrimento por lá. Ter compaixão por um valentão não é aprovação. Pode transmitir calma e força para *você*.

E, é claro, os alvos dos valentões merecem cuidado. Mesmo que você não possa fazer nada para ajudá-los, a compaixão ainda é verdadeira. É importante para *você* e pode ser importante para os outros de maneiras que você nunca saberá.

Classifique

Diga a verdade para você. Diga para os outros.

E, se for apropriado, diga a verdade para os valentões e seus apoiadores. Este pode ser um exemplo da verdade: *Você é um valentão. Trapaceou e mentiu para conseguir seu poder. Age como se fosse forte, mas, na verdade, é uma pessoa fraca e medrosa. Pode ser capaz de magoar a mim e outras pessoas, mas não tenho medo de você. Eu vejo o que você é.*

Os valentões sabem que o poder deles está por um triz. Tente classificar as mentiras, as trapaças, as fraquezas. Classifique as falsidades e ilegitimidades.

Apoie os outros

Os valentões perseguem indivíduos solitários e grupos vulneráveis para demonstrar domínio e criar medo — o que foi chamado de "crueldade performática." Portanto, tente encontrar aliados que ficarão do seu lado caso você sofra bullying. Por exemplo, se você está sentindo um incômodo (ou algo pior) causado por um colega de trabalho, conte para seu grupo de amigos e consiga o apoio deles e, em seguida, fale com seu supervisor ou com o departamento de recursos humanos, se sua empresa tiver um. Você pode pedir para outras pessoas se defenderem dos valentões; ficar acuado apenas perpetua o bullying.

Juntos, podemos apoiar quem já sofreu ou está sofrendo bullying. Pode não fazer nenhuma diferença material, mas sempre faz uma diferença moral e psicológica para aqueles que oferecem apoio — e para os que são apoiados.

Repreenda o bullying

Digo *repreenda* no sentido de justiça, não de vingança. O ato do bullying funciona como uma recompensa para o valentão, mesmo que não haja um benefício concreto. É como puxar uma alavanca prazerosa em uma máquina caça-níqueis que algumas vezes marca um *jackpot*. Se você é um valentão, por que não continuar puxando?

Portanto, deve haver um verdadeiro custo — e termos com os quais o valentão se preocupa. Lamentações e expressões preocupadas são irrelevantes para o valentão. Os apoiadores também precisam pagar um preço. Do contrário, como irão parar?

Desde que o bullying se tornou comum, as pessoas desenvolveram várias maneiras de punição. Dependendo da situação, você pode:

- Com confiança moral, classificar o bullying pelo que ele é.
- Disputar falsas alegações de legitimidade.

138 • Defenda-se

- Rir dos valentões (que, muitas vezes, são sensíveis).
- Confrontar mentiras, incluindo a negação dos danos causados.
- Construir fontes de poder para desafiar os valentões.
- Confrontar os apoiadores; eles são cúmplices no bullying.
- Envolver o sistema legal.
- Remover valentões de posições de poder.

Enxergue a situação completa

O bullying é permitido e estimulado por condições ocultas. Os valentões, às vezes, tiram o poder das queixas de outros; quando abordamos essas queixas, podemos reduzir o poder do valentão.

Os valentões tentam dominar nossa atenção tanto quanto tentam dominar todo o resto. Porém, existe um mundo muito maior além do controle deles. Ele contém tantas coisas certas, agradáveis, bonitas e virtuosas. Evite o máximo possível de pensar muito em escândalos inúteis, fantasiar com vingança e de culpar outras pessoas que "não estão fazendo o suficiente." Já é ruim o bastante que o valentão exista. Tente não deixar que ele invada a sua mente.

PARTE CINCO

Fale com sabedoria

30

Cuidado com as palavras

Quando éramos crianças, costumávamos falar: *o que vem de baixo não me atinge*. Mas isso não é verdade. O que dizemos — e com qual tom de voz — pode causar muitos danos. Lembre-se do que foi dito a você durante os anos — especialmente com raiva, rejeição ou desprezo — e os impactos que essas coisas tiveram em você.

As palavras podem, literalmente, machucar, já que as redes de dor emocional no cérebro sobrepõem às redes de dor física. Os efeitos podem ser duradouros — até mesmo durante a vida toda, enquanto os resíduos de palavras duras penetram na memória emocional e na paisagem interior da mente. Além disso, as palavras podem alterar um relacionamento para sempre. Considere o efeito dominó de coisas ditas entre pais e filhos, de um irmão para o outro, entre sogros ou amigos.

Ter cuidado com as suas palavras não significa se amordaçar, falar com muita meticulosidade ou rigidez. É apenas questão de ter atenção e habilidade, além de manter seus maiores valores e objetivos a longo prazo em mente. Orientações claras são muito úteis e é isso que focarei neste capítulo.

Como

Seis princípios oferecidos pelo budismo primitivo foram muito úteis para mim e você reconhecerá a essência deles em outras tradições e filosofias. O discurso sábio é sempre:

1. **Bem-intencionado** — Vem de uma boa vontade, não de uma má; é construtivo, não destrutivo, e tenta ajudar em vez de magoar.
2. **Verdadeiro** — É factualmente preciso; você pode não dizer tudo o que é verdadeiro, mas o que você diz é, de fato, verdade, e não é exagerado ou tirado do contexto.
3. **Benéfico** — Oferece apoio para a sua felicidade e bem-estar, bem como de outros.
4. **Oportuno** — Ele vem em um momento apropriado e tem boas chances de ser realmente ouvido.
5. **Não agressivo** — Pode ser firme, severo ou intenso; pode confrontar maus tratos ou injustiça; a raiva pode ser reconhecida, mas o discurso não é acusatório, maldoso, provocante, desdenhoso ou arrogante.

E, se possível, é:

6. **Desejado pela outra pessoa** — Se não querem ouvir, você pode, às vezes, decidir não falar; mas haverá outros casos em que você escolherá falar, quer a pessoa goste ou não — e é mais provável de dar certo se você seguir as orientações anteriores.

Com certeza há um momento para conversar livremente com outras pessoas quando for oportuno. E, de modo realista, nos primeiros momentos de uma discussão, às vezes as pessoas saem dos limites.

Mas, em interações importantes, complicadas ou delicadas — ou assim que você perceber que passou do limite —, é hora de se comunicar com cuidado e com sabedoria. As seis orientações não garantem que a outra pessoa responderá da maneira que você deseja. Porém, elas vão aumentar as chances de um bom resultado e, além disso, você saberá que ficou no controle, que teve boas intenções e que não há motivos para sentir culpa depois.

Você pode refletir sobre essas orientações à medida que considera como abordar uma conversa importante. Depois, seja natural: se você tiver sinceridade, boas intenções e continuar buscando a verdade como a conhece, é difícil *não* falar com sabedoria! Se as coisas ficarem intensas, tente se lembrar que como você fala é sua responsabilidade, não importa o que a outra pessoa faça. Se desviar das diretrizes, reconheça esse fato para você e talvez para a outra pessoa e, em seguida, retorne para elas.

Com o tempo e com um pouco de prática, você se encontrará "falando com sabedoria" sem pensar nisso de maneira consciente. Você pode se surpreender com as maneiras assertivas e poderosas que pode se comunicar dentro das diretrizes apresentadas.

E, como bônus, que tal praticar o discurso sábio com *você*?

31

Seja sincero

Quando dizemos o que é verdadeiro, e dizemos com clareza e de maneira apropriada, nos sentimos bem. Há uma honestidade e realidade nas palavras que leva confiança para outras pessoas. Porém, se falarmos de modo falso, distorcermos as palavras de outra pessoa, ou apresentarmos uma falsa narrativa, temos resultados diferentes, como conflitos desnecessários, oportunidades perdidas de aprofundar um relacionamento, ou um sentimento vazio e triste na boca do estômago.

A pessoa mais importante para quem contar a verdade é você. Muitos não falam a verdade para si mesmos de duas maneiras: exageram em seus defeitos e diminuem suas qualidades. Além disso, se disser que algo é verdadeiro, mas que, no fundo, você sabe que não é — como o "está tudo bem" em um casamento que, na verdade, está frio e distante —, você está vivendo por um triz. É difícil construir uma boa vida em uma base como essa.

A verdade é um alicerce. Mesmo que você deseje que ela seja diferente, é com o que se pode contar em um mundo repleto de reviravoltas, persuasões, desinformações e apenas muitas besteiras. É o seu refúgio.

Como

Dizer o que é verdadeiro não significa falar tudo. Você pode ir direto ao ponto em uma conversa, não sobrecarregar crianças com mais do que elas conseguem compreender, e não falar demais em uma reunião de negócios. Não temos que confidenciar mais do que é apropriado. Eu passei meus 20 e poucos anos de idade em uma cultura de crescimento pessoal em que dizíamos tudo para todo mundo o tempo todo — incluindo as coisas mais profundas, estranhas e malucas. Para uma pessoa fechada como eu, me abrir dessa maneira teve seu valor. Porém, depois de um tempo, aprendi que só porque eu *podia* dizer alguma coisa não significava que eu *devia*. Alguns pensamentos e sentimentos podem magoar outras pessoas de forma desnecessária, serem facilmente mal compreendidos, ou usados contra você em outra situação. Uma vez que sai da sua boca — ou é lançado no espaço virtual —, não há como recuperar.

Tendo autenticidade

Significa sinceridade, honestidade e veracidade. Então, sua expressão externa — tom de voz, postura, expressões faciais e escolha de palavras — é consistente com a sua experiência interna. Quando estava aprendendo a me abrir mais, isso era difícil. Eu estava sendo honesto, mas soava como se estivesse lendo um livro. Se você está sentindo tristeza, mágoa, ansiedade ou raiva, é capaz de sentir enquanto fala? Existe uma emoção específica que é bem difícil de manter contato? Ou um desejo específico, como o de inclusão ou apreciação? Desacelere enquanto fala, dê tempo para seus sentimentos alcançarem suas palavras, e tente ficar em contato com um sentimento enquanto você o expressa.

Não tem problema em não saber como descrever exatamente o que você sente. Às vezes, é difícil encontrar as palavras — ou apenas não *há* nenhuma palavra. No entanto, seu rosto e corpo podem comunicar muita coisa.

Com o tempo, você descobrirá que pode revelar cada vez mais da sua personalidade. Muitas pessoas possuem coisas que são difíceis de demonstrar para outras. Para mim, durante a infância, era me sentir inadequado. Para outra pessoa, pode ser o sentimento de medo ou fraqueza; para outro, pode ser raiva. Talvez algo tenha acontecido com você — ou talvez você tenha feito algo — que nunca contou para ninguém. Algumas pessoas sentem que estão vivendo uma mentira que as está corroendo. Existe algo que você deixou fora do seu campo de visão que seria bom trazer para a luz? E você pode falar sobre isso deliberadamente com uma pessoa apropriada, até mesmo um terapeuta ou alguém da sua religião, que jurou confidencialidade? Quando você finalmente desabafa, há uma sensação de alívio e um sentimento de ser uma pessoa mais íntegra e completa.

O que é deixado de fora?

Em qualquer relacionamento, questione-se: *O que é importante e que não está sendo classificado? O que está sendo deixado de fora?* Isso se aplica tanto para você quanto para outras pessoas. Considere a mágoa e a ansiedade por trás da irritação, os direitos ou as necessidades que estão em jogo em brigas aparentemente bobas. Há algum elefante na sala que ninguém está mencionando? Talvez alguém que tenha um temperamento explosivo, está bebendo demais ou simplesmente está com depressão. Talvez o emprego com alta potência de alguém — sessenta ou setenta horas por semana — ou mais —, contando deslocamentos e e-mails no fim de semana — esteja levando a vida familiar ao limite. Os relacionamentos são limitados pelo que não podemos falar. Como julgar melhor, você tem o direito de levantar assuntos. E se outras pessoas tentarem mudar de assunto, você pode destacar *aquele* fato como um assunto que você deseja abordar.

Entregando mensagens que não foram enviadas

Dependendo do relacionamento, dizer o que é verdade pode significar expressar algumas das mensagens não entregues para a outra pessoa. São coisas relevantes e importantes que você não disse, talvez por boas razões no momento. Algumas mensagens não entregues desvanecem e não importam mais. Outras podem continuar a ter um significado para você, mas ainda é claro que é melhor não dizer nada. O monte que permanece — por maior que seja — sobrecarrega e restringe um relacionamento enquanto você (e, às vezes, a outra pessoa) manobra ao redor dele.

Nos últimos capítulos, exploraremos *como* expressar o que não foi dito de maneiras habilidosas. Neste, eu sugiro que você tire um tempinho para considerar *o que* pode estar restringindo relacionamentos importantes. Para uma pessoa específica, você pode pegar um pedaço de papel, escrever algo como "Mensagens não entregues" ou "Coisas que não contei" no título, e anotar o que vier em mente. Lembre-se que você não precisa dizer para a pessoa nada do que está nesse papel; essa é sua própria exploração. Como um lembrete, você pode imaginar completar esta frase várias vezes: *Eu não contei que* _____. Abra-se para tudo o que descobrir dentro de você. Pode incluir momentos que você sentiu decepção e raiva, desejos íntimos vulneráveis, ou apreço e amor. À medida que você escuta suas camadas mais profundas, pode descobrir que, na verdade, já disse tudo o que era importante — e pode aproveitar esse sentimento e sentir segurança. Tente fazer esse exercício com algumas pessoas. Pode ser libertador apenas escrever em um papel. Depois, se desejar, você pode contar para a outra pessoa quando o momento for oportuno. Identificar as mensagens importantes que não foram

148 • Fale com sabedoria

entregues e, em seguida, expressá-las apropriadamente é um dos métodos de crescimento pessoal mais poderosos que conheço.

Por último, aceite o fato de que ninguém é um comunicador perfeito. Você sempre deixará algo de fora e não há problema nisso. Você precisa dar espaço para as conversas, sem se julgar continuamente sobre se está falando a verdade! Comunicar é corrigir. Enquanto falar com uma sinceridade básica e com boas intenções, suas palavras irão costurar e remendar o tecido da verdade nos seus relacionamentos.

Expresse-se
com o coração

Em um Natal, desci até o Grand Canyon, cuja base fica a aproximadamente 1.500 metros abaixo da borda. As paredes tinham camadas como um bolo e listras vermelhas ou cinzas nas pedras revelavam milhões de anos de erosão feitas pelo rio Colorado. Pense na água, tão suave e gentil, pouco a pouco entalhando a pedra mais dura para revelar tamanha beleza. Às vezes, o que parece mais fraco é, na verdade, o mais poderoso.

Da mesma forma, falar de coração aberto pode parecer muito vulnerável, mas ainda ser a atitude mais poderosa de todas. Classificar a verdade — especificamente os fatos da sua experiência, o que ninguém pode desaprovar — com simplicidade e honestidade, é uma grande força moral.

Lembro-me de um dos meus pacientes, um homem cujo casamento estava sufocado pelo peso das coisas que não foram ditas. Eram coisas normais — como desejar que a esposa fosse menos irritadiça com os filhos e mais afetiva com ele —, mas ele temia que, se dissesse qualquer coisa, seria o fim do casamento. Porém, na verdade, *não* falar era o que estava acabando com o relacionamento deles, construindo uma pilha de mágoas e ressentimentos. Como duas pessoas em pequenos icebergs separados, estavam se afastando em um silêncio congelante. Eventualmente, eles se divorciaram.

Se você está abordando um problema em um relacionamento, falar com o coração é poderoso e costuma incentivar os outros a fazerem o mesmo. E, caso não aconteça, o contraste entre você e eles é uma declaração poderosa por si só.

Como

Falar com o coração pode parecer assustador. Se você está começando a se acostumar com essa maneira de comunicação, escolha um assunto, uma pessoa e um momento que tem probabilidade de dar certo.

Antes de falar

Procure se apoiar em boas intenções, como descobrir e expressar a verdade, além de ajudar a você e outros. Em seguida, tenha uma noção básica do que quer dizer. Concentre-se na sua *experiência*: seus pensamentos, seus sentimentos, suas sensações corporais, seus desejos e qualquer coisa fluindo por sua consciência. É difícil argumentar contra sua experiência, mas é fácil entrar em discussões sobre situações, eventos, o passado ou a tentativa de resolução de problemas.

Tente encontrar uma sensação de confiança interna. Tenha fé na sua sinceridade e na própria verdade. Reconheça que os outros podem não gostar do que você tem para falar, mas é um direito seu que não precisa ser justificado. Saiba que o processo de falar com o coração costuma ser bom para um relacionamento, mesmo se o que está sendo dito for difícil para a outra pessoa ouvir.

Quando falar

Respire e acomode-se em seu corpo. Ter uma noção básica das pessoas que se importam com você pode ser útil. Alivie a garganta, os olhos, o peito e o coração. Tente encontrar benevolência, até mesmo compaixão, pela outra pessoa. Pense no que você quer dizer. Respire mais uma vez e comece a falar.

Tente manter contato com a sua experiência enquanto a expressa, e minimize qualquer persuasão ou tentativa de resolução de problemas. (Isso é para depois, se necessário; veja os capítulos 43–45.) Continue voltando para o ponto essencial para *você*, seja o que for (especialmente se a outra pessoa reagir mal ou tentar mudar de assunto). E permita que outros aspectos ou camadas mais profundas do que está em seu coração surjam enquanto você fala. Você não precisa saber tudo o que vai falar antes de começar.

Sinta-se livre para não se envolver caso a outra pessoa não esteja pronta para ouvir; talvez seja melhor em outro momento. A proposta principal não é tentar mudar a outra pessoa — o que pode ou não acontecer —, mas se expressar de coração aberto. Se for apropriado, você pode pedir para a outra pessoa também falar com o coração.

Mais tarde, você pode reconhecer que fez o seu melhor. Falar com o coração é algo corajoso e difícil (especialmente no começo). Porém, é muito necessário em relacionamentos de qualquer profundidade.

Questione

Questionar leva até você muitas informações importantes e mostra aos outros que você está prestando atenção. Oferece a eles o sentimento de que você se interessa, se importa, que o assunto em questão é importante para você e que *eles* também são. Deixa as coisas evidentes para que você e outros as enxerguem. Questionar pode desacelerar conversas intensas para que não saiam de controle. Fornece tempo para você pensar e impede que você tome conclusões precipitadas e cometa erros que vai se arrepender. A outra pessoa pode não gostar das suas perguntas — talvez você esteja deixando claro que ela que errou, não você —, porém, você tem o direito de fazê-las.

De uma maneira profunda, questionar fornece um portal para o vasto e misterioso interior de outra pessoa. O que é que está acontecendo por lá? Paixões borbulhantes, suaves desejos melancólicos, memórias e fantasias, um coro de vozes, camadas e profundidades, tudo isso junto e misturado. Fascinante por si só. E, à medida que conhecemos melhor os outros, podemos nos conhecer melhor.

Como

Como terapeuta, fazer perguntas é o meu ganha-pão. Além disso, sou casado há muito tempo, por altos e baixos, e criei dois filhos. Como dizem na medicina: O bom julgamento vem da experiência...

e a experiência vem do julgamento ruim. Então, ofereço algumas lições vindas das minhas experiências!

Tenha boas intenções

Não precisamos fazer perguntas como se fossemos promotores. Você pode tentar se aprofundar nas coisas, como se seu filho realmente fosse fazer aquilo na noite de sábado ou como se fosse entender qual seria o seu papel em uma reunião de negócios iminente. Porém, tente não fazer perguntas na intenção de fazer outras pessoas ficarem mal.

Mantenha o tom de voz gentil

As perguntas — em particular, uma série delas — podem parecer invasivas, críticas ou controladoras para a pessoa que as está recebendo. Pense em todos os momentos que fazem perguntas para crianças para repreendê-las ou por outro tipo de punição. Você pode verificar com a outra pessoa para se certificar de que suas perguntas são bem-vindas. Diminua-as para que elas não pareçam uma metralhadora. Tente intercalar as perguntas com revelações que combinam, mais ou menos, com a profundidade emocional do que a outra pessoa está dizendo; dessa maneira, ela não está colocando todas as cartas na mesa enquanto você segura as suas perto do peito.

Mantenha o interesse

Você consegue perceber quando a atenção de alguém desvia enquanto você está falando, e os outros notam a mesma coisa sobre você. Tente manter-se com *eles*, em vez de desviar seu foco para uma mensagem que acabou de chegar no seu celular ou para o que você planeja dizer em seguida. Tente uma noção de "mente de iniciante", "mente desconhecida", na qual você tem curiosidade, transparência e paciência. O que você gostaria de saber mais? Tente encontrar o que é vivo, fresco, suculento, significativo, útil ou profundo na conversa. Uma sobrancelha arqueada, um aceno para falar mais, ou apenas um silêncio são sinais para a outra pessoa continuar.

Continue questionando

Se você sente que ainda há uma obscuridade problemática nas respostas da outra pessoa, ou apenas mais para ser aprendido, pode perguntar de novo, talvez de uma maneira diferente. Ou explicar, sem acusações, por que você ainda não tem certeza sobre o que a outra pessoa está dizendo. É surpreendente com que frequência as outras pessoas não respondem as perguntas que foram feitas. Você pode fazer perguntas adicionais que podem ajudar a identificar um fato importante ou desvendar as camadas mais profundas dos pensamentos, sentimentos e das intenções da outra pessoa.

Indague para resolver um problema

Perguntas sobre fatos ou planos costumam ser bem diretas. Para o território mais obscuro e, com frequência, mais carregado de emoções do mundo interior de outra pessoa, aqui estão algumas possibilidades:

Como foi _____ para você? Como você se sente sobre _____?

O que você aprecia em _____? O que acha que deu certo? Algo foi reconfortante? O que você gosta em _____?

O que incomoda [ou preocupa] você sobre _____? O que causa ansiedade [ou frustração, tristeza, mágoa, raiva etc.]? Há outra coisa que você está sentindo [ou desejando] além de _____?

O que isso lembra você? Qual é o contexto [ou história] que é importante para você no momento [por exemplo, problemas passados entre nós, ser negligenciado(a) novamente para uma promoção]?

O que gostaria que tivesse acontecido? Qual é a coisa mais importante no momento para você?

Como se sente sobre mim? O que gosta em mim? O que você, ahn, não gosta em mim? O que gostaria que eu tivesse dito ou feito? Se existe um ou dois fatores com os quais você acha que eu deveria estar lidando, quais são?

Como seria se você tivesse conseguido o que queria? Como seria se tivesse conseguido o que queria de mim? Como você gostaria que fosse daqui para frente?

O que mais? Pode falar mais sobre _____?

Aprofunde uma amizade íntima

Com um tempo, um relacionamento romântico pode estar bem, mas um pouco monótono, distante ou até mesmo sem graça. Uma boa maneira de revivê-lo é aprendendo coisas novas sobre a outra pessoa, e aqui estão algumas perguntas simples (você pode já saber algumas das respostas). Você não está tentando bancar o terapeuta — é apenas um amigo com curiosidade — e pode aumentar ou diminuir a intensidade conforme parecer certo. Se preferir, você pode sugerir que se revezem fazendo essas perguntas um para o outro. E, é claro, adicione algumas das suas!

Qual é a sua primeira memória?

Você tinha algum parente favorito quando era criança? O que faziam juntos?

Durante sua infância, o que você imaginava ou pensava quando ia dormir? E hoje em dia?

O que você realmente amava fazer quando era mais jovem? Alguma memória especial? Hoje em dia, quais são suas atividades favoritas para fazer a sós? E comigo?

Você tinha algum animal de estimação favorito na infância?

Com quem foi seu primeiro beijo? Como foi?
Como foi sair de casa? Sentiu ansiedade? Ou não?
Qual você acha que foi a maior virada de chave da sua vida?

O que você gosta de pensar ou imaginar?

Se você pudesse ser qualquer personagem das histórias de O Senhor dos Anéis [ou outra ficção famosa], quem escolheria? Por quê?

Se você vivesse há 20 mil anos, em um grupo de caça, qual seria a posição que você naturalmente assumiria?

Se você pudesse fazer um bilhão de pessoas passarem cinco minutos por dia fazendo algo específico, o que seria?

Uma maneira de explorar essas questões é olhar fotos de suas infâncias e, talvez, da idade adulta também, juntos. Quando você olha para os rostos das pessoas nas fotos, consegue imaginar um pouco como a vida era para elas, o que pode levar a melhores perguntas.

Com seu cônjuge, você pode fazer um tipo de exercício em que faz as mesmas perguntas várias vezes e, em seguida, trocam os papéis. Possíveis perguntas incluem: *O que você gosta em mim? O que deseja em nosso relacionamento? O que precisa para confiar em mim? Nos próximos dias, o que espera acontecer com você?* Se você estiver respondendo, diga o que vier à mente a não ser que seja muito ofensivo ou que revele algo que você ainda não sente segurança em compartilhar. Observe se está editando suas respostas e veja se haveria algum problema em se expressar de maneira mais completa. Se estiver fazendo as perguntas, aceite qualquer resposta da outra pessoa, agradeça e pergunte de novo. Não há problema em pedir para que ela esclareça algo rapidamente e, em seguida, continuar repetindo a pergunta. Se a pessoa disser algo que você gostaria de saber mais, faça uma anotação mental e retorne para a pergunta mais tarde. Esse processo pode se tornar profundo muito rapidamente. Em um certo momento, talvez depois de uma dezena de rodadas ou mais com a mesma pergunta, pode não haver nada de novo para dizer; vai parecer completo, pelo menos agora, e você pode trocar os papéis ou tentar outra pergunta.

Resumindo, não há problema em fazer perguntas. Muitas vezes, as pessoas as recebem bem. Você pode confiar nas suas boas intenções e no seu coração.

Demonstre apreço

Uma das maneiras mais poderosas de melhorar seus relacionamentos também é uma das mais simples: diga para as pessoas o que você aprecia nelas. Não é bajulação ou manipulação. Precisa ser de boa fé e o que você acredita ser verdadeiro. Você pode dizer como forma de agradecimento, para oferecer apoio ou transmitir respeito. Com sorte, elas admirarão seu apreço. Porém, mesmo se ignorarem por alguma razão, você sabe que foi com sinceridade.

Quando as pessoas alcançam um objetivo, mostram ter bom caráter ou apenas continuam seguindo em frente diante de circunstâncias difíceis, é apropriado reconhecer isso. Somos animais sociais e precisamos nos sentir vistos e valorizados. Se você está indo bem no trabalho ou em casa e ninguém nunca faz um comentário, as coisas começam a parecer estranhas e ruins depois de um tempo.

Pense em várias pessoas importantes para você. *Quais são algumas de suas qualidades boas? Elas são decentes e honoráveis? Já ajudaram ou contribuíram com você de alguma maneira? Se você fosse escrever uma carta de recomendação para elas, o que diria?* Depois, questione-se: *De todas as maneiras que eu poderia reconhecer essas pessoas, quantas realmente foram ditas?* Você pode já estar demonstrando muito apreço em seus relacionamentos — mas, se for o caso, isso é bem incomum na minha experiência. Em grande parte do tempo, não pensamos em agradecer outras pessoas, parece um pouco estranho ou retemos o apreço como parte de um conflito maior. É fácil demais menosprezar os outros ou fazer reclamações sobre eles.

Lembre-se de um momento em que alguém realmente agradeceu você, elogiou seu trabalho, reconheceu seus esforços ou falou sobre qualidades boas e profundas em você. É provável que tenha tido um grande significado e que tenha fortalecido o relacionamento. Você pode ter o mesmo tipo de efeito benéfico em outras pessoas quando diz o que aprecia nelas.

Como

Demonstramos apreço em duas maneiras abrangentes — por meio da gratidão e do elogio.

Escolha alguém importante e considere pelo que tem gratidão, como coisas benéficas que essa pessoa faz, quando ela defendeu você contra outros ou apenas quando é carinhosa e gentil. Você pode ter gratidão por pequenas coisas, como quando essa pessoa lava o seu copo no trabalho, ou maiores, como a criação conjunta de seus filhos. Observe a sensação de ter gratidão por ela.

Em seguida, considere o que é elogiável. O que você admira, honra e respeita nessa pessoa? Quais são os talentos e habilidades dela? Traços positivos de personalidade? Forças interiores? O que ela já conquistou? O que já teve que lidar? Ela é engraçada, criativa, sentimental? Se importa com os outros? Ela está fazendo algo para ajudar a mudar o mundo? O que você gosta nela? Quais qualidades boas e íntimas você valoriza? Como se sente ao ter o reconhecimento dessa pessoa?

Refletindo sobre esse relacionamento, há algo que pareça que não recebeu reconhecimento suficiente? O que você acha que essa pessoa realmente gostaria de ouvir? Talvez ela seja uma criança ou alguém que tem você como exemplo. O que poderia fazer uma grande diferença para ela?

Em seguida, pergunte-se como expressar sua gratidão e seus elogios de maneira mais completa. Imagine o que você realmente diria, como e quando. Pessoas possuem diferentes maneiras de expressar apreço e diferentes maneiras de receber, e não há problema nisso. Imagine quais seriam os benefícios para você, para a outra pessoa e para o seu relacionamento.

Observe qualquer hesitação em expressar o apreço. Pode parecer estar em conflito com a maneira como as pessoas falavam na sua família ou as regras em sua cultura. Você pode sentir que isso traz uma vulnerabilidade ou dependência, que a outra pessoa agora terá uma vantagem ou reivindicação contra você ou que suas reclamações válidas sobre ela serão neutralizadas e perderão o sentido. Ou que incentivará a outra pessoa a exigir mais e mais de você, como se ela fosse um tipo de vampiro carente, sugando todo o seu sangue. Tente se afastar dessas várias razões e pergunte-se se elas realmente são verdade. Por exemplo, você pode reconhecer a valorização que recebe de outros enquanto se mantém uma pessoa forte e independente. Pode apreciar as boas ideias de um colega de trabalho enquanto o incentiva a entregar o projeto dentro do prazo. Você pode elogiar alguém que está intensamente buscando por enaltecimento enquanto estabelece limites no relacionamento; pode reconhecer que alimentar a fome dessa pessoa não precisa exaurir *você*.

Agora escolha um relacionamento complexo, talvez um repleto de conflitos sérios. Com essa pessoa, há algum motivo para ter gratidão por ela? Tudo bem se não houver — mas, caso haja, tente reconhecer. Considere o que pode ser elogiado, mesmo que venha acompanhado de grandes defeitos. Como você pode expressar um pouco disso para essa pessoa? Talvez uma declaração factual simples de passagem que seja difícil de argumentar. Como o apreço por essa pessoa pode melhorar o relacionamento de vocês?

Quando você busca o que valorizar em outros, ajuda a se sentir melhor sobre o mundo em que vive. Também coloca o que incomoda em uma pessoa em um contexto mais amplo, para que sejam menos irritantes e muitas vezes mais fáceis de abordar.

35

Experimente um tom mais suave

Lembro de momentos em que estava me sentindo exausto e irritado e acabei dizendo algo com um tom que não era necessário ou útil. Às vezes, foram as próprias palavras — advérbios como *nunca* ou *sempre* ou frases exageradas como *que idiotice*. Com mais frequência, era a entonação na minha voz, meu humor ou um olhar mais severo, uma maneira abrupta de falar ou uma superioridade.

Linguistas como Deborah Tannen apontaram que a maioria das comunicações possuem três elementos:

- **Conteúdo explícito** — "Não tem mais leite na geladeira."
- **Entrelinhas emocionais** — Podem ser neutras, positivas ou negativas.
- **Declaração implícita sobre a natureza do relacionamento** — Uma das pessoas critica ou manda na outra? Alguém está um degrau acima, no mesmo degrau, ou um abaixo?

O segundo e o terceiro elemento, que é o que identifico como *tom*, costumam possuir um impacto maior no resultado de uma interação, e o peso cumulativo do tom que usamos possui efeitos maiores durante o tempo. Um tom repetidamente crítico, superior, desapontado, desdenhoso ou repreensivo pode abalar bastante um relacionamento. Por exemplo, a pesquisa de John e Julie Gottman mostrou que normalmente precisamos de várias interações positivas para compensar uma negativa. Exceto os efeitos no relacionamento, há um impacto direto na outra pessoa. Um tom negativo sem necessidade cria um sofrimento desnecessário nos outros.

Tornar-se mais consciente do seu tom de voz permitirá que você entre mais em contato com seu interior, que esteja mais ciente do que está sendo construído lá dentro, para que você possa lidar com as situações de maneira mais rápida e direta. Suavizar o seu tom levará você a falar de modo mais calmo e sincero. Outras pessoas não poderão mudar o foco do *que* você está dizendo para *como* está dizendo. E você estará em uma melhor posição de pedir para que os outros também usem um tom mais suave.

Como

Suavizar o seu tom não significa torná-lo muito doce ou falso. Na verdade, quando as pessoas deixam de ser rudes, bruscas, derrisórias ou briguentas, elas, muitas vezes, se tornam *melhores* comunicadoras. Agora são mais pés no chão, mais confiantes, quando trazem um assunto à tona. Elas não desperdiçam capital interpessoal na gratificação curta de um tom severo.

Portanto, tente ter consciência do seu tom, especialmente se você é uma pessoa que anda estressada, pressionada, frustrada, cansada ou ávida. Considere a história de um relacionamento específico e a sensibilidade da outra pessoa ao seu tom. Tenha atenção ao tom negativo, incluindo de maneiras aparentemente suaves, como uma revirada de olhos, um suspiro exasperado ou um pequeno insulto.

Considere seus verdadeiros propósitos — na vida, com essa outra pessoa. Um tom severo serve a eles? Que tipo de tom os serviria melhor? Você pode dizer o que é importante sem adicionar um tom negativo? Consegue lidar com qualquer mágoa, raiva ou questões práticas de uma maneira direta, em vez de descarregar em seu tom?

Pense na escolha das suas palavras. Exageros, acusações, críticas, insultos, xingamentos, ameaças alarmantes, patologização (por exemplo: "Você tem um distúrbio de personalidade") e golpes baixos (por exemplo: "Você é igualzinho ao seu pai") são como derramar gasolina no fogo. Tente evitar linguagens provocantes ou inflamatórias. Busque por palavras precisas, construtivas, respeitosas e diretas.

Tenha cuidado com mensagens de texto e e-mails. Uma vez que você pressiona o botão de "enviar", não há como recuperar e quem recebe pode interpretar mal e talvez compartilhar com outras pessoas. Sim, é antiquado, mas é muito mais fácil corrigir desentendimentos quando estamos cara a cara ou em uma ligação. Recordo alguns dos meus e-mails e ainda estremeço anos depois.

As pessoas podem ser sarcásticas, cínicas ou provocantes de uma maneira brincalhona. Mas, às vezes, o humor disfarça uma mágoa ou raiva oculta, e outras pessoas podem sentir. Ou elas podem simplesmente interpretar mal o que você disse. Você pode pensar que estava apenas brincando, mas a piada pode não ser recebida pela outra pessoa.

Tente relaxar seus olhos, garganta e coração. Isso suavizará seu tom naturalmente. Às vezes, imagino que estou sendo filmado durante uma interação e que o vídeo poderá ser assistido mais tarde no casamento dos meus filhos — ou no meu funeral. Sem criar uma paranoia, você pode fazer o mesmo; não precisa ser a interação perfeita, mas, se você estivesse assistindo ao vídeo, o que gostaria de ver?

Se você deslizar para um tom mais severo, suavize-o assim que possível — o que pode acontecer um minuto depois. Algumas vezes, é melhor explicar — não justificar ou defender — as razões ocultas para o seu tom para colocá-lo em contexto; por exemplo: "Desculpa, estou cansado, com fome e o dia não foi nada fácil." Assuma a responsabilidade pelo seu tom e pelo impacto que ele causa e, em seguida, aplique uma maneira mais clara, limpa e direta de se expressar.

36

Não seja
estraga prazeres

Digamos que você teve um momento de inspiração, uma nova ideia ou sentiu um entusiasmo borbulhando por dentro. Pode ser algo como um ponto de vista diferente no trabalho ou um programa de casal no sábado. Suas noções não estão completamente formadas e você ainda não está com dedicação total, mas gosta da ideia e está experimentando. Então, se os outros respondem de maneira neutra ou positiva, até mesmo se levantarem algumas questões práticas, é provável que você sinta que tem apoio e incentivo. Porém, se a resposta inicial é, na maior parte, negativa, foca problemas, limitações e riscos — *não importa o quanto sejam válidos* — você pode murchar um pouco, sentir-se para baixo ou com obstruções. Vale a pena refletir como isso pode ter acontecido na infância e na fase adulta.

O contrário também acontece. Se as pessoas vão até você com uma ideia, paixão ou aspiração, e você começa com dúvidas e objeções, é provável que elas não se sintam bem, ponto final — e não se sentirão bem em se abrir com você no futuro. Isso poderia ter acontecido em algum relacionamento?

Também pode acontecer dentro da sua cabeça. Se você jogar água fria nos seus sonhos, vai viver cuidadosamente dentro dos limites, é claro, mas nunca conhecerá o calor e a luz que se espalhariam se você os deixasse pegar fogo. Você apoia *sua* jogada, torce pelo seu projeto? Ou tem muita rapidez em duvidar, limitar, fazer análise de custos e listas as razões para não fazer?

Como

Os pontos aqui se aplicam tanto quando você está reagindo às ideias de outras pessoas (até as malucas) e quando você está respondendo aos seus entusiasmos e inspirações. Além do mais, você pode pedir para alguém considerá-los quando estiverem sendo estraga prazeres.

Observe qualquer recuo reflexivo, negação ou balde de água fria quando você ou alguém fica animado com algo. Esteja ciente de qualquer história pessoal com seus pais ou outras pessoas que ficaram animadas demais e se encrencaram depois — e como essa história pode estar moldando suas reações às pessoas e situações que são bastante diferentes hoje.

Esperamos que amizades, no trabalho e fora dele, e cônjuges apoiem uma ideia, um planejamento ou um sonho específico que temos. Mas, de maneira mais ampla, em um relacionamento significativo, é natural querer sentir que a outra pessoa apoia você de maneira *geral*: que seja "co-entusiasta" com você, uma pessoa inspirada, apaixonada e aberta a possibilidades. Não alguém que geralmente começa falando o que há de errado em uma ideia, mas alguém que começa falando o que há de correto. Não uma pessoa que você precise arrastar ou encher constantemente como um balão furado. Existem pessoas que gostariam que você fosse mais co-entusiasta com *elas*? Existem coisas simples que você poderia fazer para levar mais entusiasmo e apoio para esses relacionamentos?

Lembre-se de que você sempre pode dizer não. Só porque há uma nova proposta disponível, não significa que você precisa executá-la. Não há problema em ficar em silêncio enquanto deixa as coisas arejarem e ganharem forma antes de responder. Mesmo que, no fundo, a sua visão seja que essa nova ideia é maluca, desastrosa, ou pior — você pode não precisar falar nada e ela se desfará por conta própria.

Quando você for comunicar — para si ou para outros —, tente começar com o que é verdadeiro ou útil sobre a ideia da outra pessoa.

Pode não ter problema começar apenas com esses temas e, em seguida, ouvir o que a pessoa tem a dizer. Se você tiver algumas questões, muitas vezes, expressá-las funciona melhor se forem oportunas e desejadas. (Ignore essa sugestão se houver uma razão convincente para isso, como garantir a segurança de alguém.) Mantenha suas observações relevantes para o assunto em questão; por exemplo, se o custo de uma ideia é de algumas centenas de reais, quaisquer problemas com ela não incluirão a pobreza na terceira idade.

Observe sua família e suas amizades. Observe-se. Quais projetos — desejos vindos do coração, grandes sonhos, promessas adiadas, ideias malucas que podem funcionar — você deseja começar?

O que você pode fazer hoje e amanhã para abrir caminho para eles?

37

Dê o que eles querem

Os relacionamentos são feitos de interações e as interações são feitas de idas e vindas, como voleios no tênis. Um momento decisivo em uma interação é quando uma pessoa arremessa algo que deseja para o outro lado da rede. (Nossos desejos incluem vontades, necessidades, esperanças e anseios.) Pode ser algo simples e concreto, como: *Por favor, me passe o sal.* Ou algo complexo e intangível: *Por favor, me ame de maneira romântica.* Algumas pessoas expressam suas vontades de forma clara, mas muitas não. Quanto mais importante uma vontade for, maior a probabilidade de ser demonstrada lentamente, ou de ser expressa com adicionais confusos e distrativos e com *topspins* emocionais.

Pense em um relacionamento importante. Você foi transparente ao expressar seus desejos? Como se sente quando a outra pessoa faz um esforço sincero de ceder para suas vontades?

Quando reflito sobre essas duas questões, percebo que nem sempre é fácil pedir o que eu quero, especialmente se isso me fizer me sentir vulnerável — então não devo pegar tanto no pé dos outros por expressarem seus desejos de maneiras vagas, cautelosas e eufemísticas. Em segundo lugar, percebo que eu deveria, de modo geral, tentar dar aos outros o que querem *se for sensato e possível.* Por benevolência, fazer isso é um ato de gentileza e cuidado. Por interesse próprio, também é uma boa maneira de abordar as queixas, criar boas intenções e colocar-se em uma melhor posição para pedir o que *você* deseja.

Eu *não* quero dizer para oferecer aos outros coisas que machucarão eles, você, ou outras pessoas. E se pedirem de maneira rude, exigente ou ameaçadora, então o desejo deles pode ser inviável até que mudem o tom. É claro, você é livre para decidir o que é sensato no pedido da outra pessoa e como responderá a ele.

Como

Em quase todos os relacionamentos, é provável que você já esteja oferecendo muito do que a outra pessoa deseja. Tensões e problemas surgem quando ela pensa no que *mais* gostaria de ter e não está recebendo. Considere um relacionamento importante e pergunte-se: *O que mais querem de mim?* Qualquer desejo ou pedido que não foi atendido, ou anseio que não foi satisfeito, significa que não estão recebendo algo que querem. Qualquer coisa que decepciona a outra pessoa, ou fonte contínua de atrito entre vocês, também envolve desejos não realizados da perspectiva dela.

É assustador e difícil para muitos de nós expressarmos nossos desejos mais importantes. Então, tente separar a desordem superficial das verdadeiras prioridades da outra pessoa. Quais podem ser seus anseios mais ternos, profundos e vívidos?

Assim que você obtiver uma noção do que a pessoa deseja, decida o que fará em relação a isso, se é que fará algo. Seus desejos também importam e você não pode continuar cedendo sem se satisfazer. Se nasceu em uma família ou cultura que ensinou você a ceder repetidas vezes para as vontades de outros, é especialmente importante entender que não estamos falando de oferecer demais e ficar sem nada no final. O ideal é ir até um limite máximo *sensato* pelos outros.

A maioria das pessoas deseja coisas muito simples, como:

Gostaria de mais oportunidades no trabalho.

Por favor, abaixe o assento do vaso sanitário.

Faça perguntas sobre mim todos os dias e preste atenção nas respostas.

Seja legal comigo.

Continue me amando, mesmo quando estivermos criando nossos filhos.

Por favor, devolva a pá que você pegou emprestada.

Faça sua parte das tarefas de casa.

Defenda-me de outras pessoas.

Demonstre interesse pelo que eu falo.

Conte-me coisas que você aprecia ou gosta em mim.

Em muitos casos, não é tão difícil ceder ao que as pessoas querem. É mais uma questão de se é da *sua* vontade.

Pessoalmente, foi um grande avanço perceber que ceder para as vontades dos outros *não* era como deixá-los ter um poder sobre mim. Em vez disso, foi como um movimento triplo de luta aikido que tocava no meu cuidado pelas pessoas enquanto me tirava de conflitos e me colocava na melhor posição para pedir pelo que eu desejava.

Você pode escolher algo sensato que ainda não está fazendo, ceder para a outra pessoa por uma hora ou uma semana sem dizer uma palavra, e ver o que acontece. Depois, escolha outra coisa para ceder e ver o que acontece. Na sua mente ou no papel, você pode fazer uma lista do que tem sido um problema no relacionamento e resolver. Se e quando for certo, fale sobre o que está fazendo com a outra pessoa. Quando preferir, fale sobre suas próprias vontades (capítulo 43, "Diga o que quiser"). Tente fazer isso com uma pessoa após a outra.

Essa prática pode parecer de um nível mais elevado. Mas, na verdade, quando você faz a mudança, é como descer uma ladeira com o vento batendo em suas costas. Você ainda está cuidando das suas necessidades e não está permitindo que outras pessoas façam pressão. Está ficando de fora de brigas complicadas ao oferecer sua bondade (sensata) da melhor maneira possível.

Considere como é se relacionar com pessoas que cuidam das necessidades delas enquanto, ao mesmo tempo, cedem ao que você deseja da melhor maneira que podem. É assim que é se relacionar com *você* quando você faz o mesmo.

Reconheça a sua parte

Em situações ou relacionamentos de qualquer tipo de dificuldade, é natural focar apenas o que os *outros* fizeram de problemático. Pode ser útil por um tempo, já que destaca o que é importante para você. Mas também há um custo: concentrar-se nos erros alheios é estressante. Além de que torna mais difícil ver as qualidades boas nessas pessoas — e qual quer que seja sua participação no problema.

Por exemplo, digamos que você trabalhe com alguém que faz críticas injustas. Ao mesmo tempo, essa pessoa pode estar fazendo coisas boas em outras áreas. Fatores adicionais — como colegas que gostam de fofocar — podem estar envolvidos. E pode até ter um papel para você também, talvez sem querer.

Para ficar claro, *às vezes nós realmente não temos nenhuma participação no que aconteceu* — como sofrer um acidente causado por um motorista bêbado enquanto você atravessava a rua com o sinal verde para pedestres. Em outras situações, seu papel pode ser o menor possível, e nunca encontrar uma justificativa para as ações prejudiciais dos outros. Entender o que você pode identificar e, se necessário, afirmar o que *não* tem sua participação oferece espaço para que você reconheça o que *tem*.

Muitas vezes, temos mais influência sobre nós mesmos do que sobre os outros. Nunca consegui ficar em paz com nada que me incomodasse até que assumisse a responsabilidade por qualquer que fosse a minha parte nisso. O que, refletindo, às vezes não é nada! Mas a *disposição* de reconhecer sua participação pode oferecer confiança em seus esforços sinceros e na sua bondade, e saber disso é uma verdadeira fonte de paz interior.

Como

Já que pode ser um desafio olhar de maneira direta para sua participação em uma situação, comece a se reabastecer: pense no sentimento de cuidado; tenha noção de algumas das suas qualidades boas; e lembre-se dos benefícios para você e para os outros que reconhecer sua parte trará.

Em seguida, escolha uma situação difícil que envolva outra pessoa ou um relacionamento... e tire um tempo para considerar:

- As maneiras como essa pessoa prejudicou você e talvez outros.
- As maneiras como essa pessoa beneficiou você e outros.
- Os efeitos de outras pessoas, da sociedade e da história.

Depois, considere seu papel no assunto, seja ele qual for. Para fazer isso, é útil classificar suas ações — de pensamento, palavra ou ação — nos três grupos que exploramos pela primeira vez no capítulo 11 ("Perdoe-se"):

- **Inocente** — Apenas presente quando algo aconteceu; não fazer nada de errado; sofrer acusações de coisas que não fez; tornar-se alvo por conta de gênero, idade, etnia, aparência ou outras fontes de descriminação.
- **Oportunidades para maiores habilidades** — Perceber que uma certa palavra ofende, com razão, outras pessoas; reconhecer que você reagiu de maneira exagerada a algo;

decidir ser um pai ou uma mãe com mais envolvimento ou dar mais atenção para seu cônjuge.

- **Falhas morais** — Essas são ocasiões em que violamos nosso código de integridade e merecem uma pitada saudável de remorso.

Todos nós temos falhas morais, como praticar a injustiça, humilhar os outros, guardar rancor, mentir, tratar as pessoas como se elas não importassem, abusar do poder, imprudência e usar a frieza como arma.

A diferença entre oportunidades para maiores habilidades e falhas morais é muito importante, e se aplicam tanto para você quanto para as outras pessoas. Muitas vezes, perdemos a chance de nos tornarmos mais habilidosos porque pensamos que isso significaria reconhecer uma falha moral. Às vezes, as pessoas acusam outras de falhas morais quando, na verdade, é questão de uma correção hábil — e isso geralmente torna a outra pessoa menos disposta a corrigir. De certa forma, o que pode ser uma correção hábil para uma pessoa pode parecer uma falha moral para outra; você decide.

À medida que você assume responsabilidade por sua parte, tenha autocompaixão. Lembre-se de que todas as suas qualidades boas estão ao redor dessa parte — e que reconhecê-la é outra expressão de sua bondade inerente. Saiba disso e deixe o conhecimento entrar.

Permita ondas de tristeza ou remorso passarem enquanto você reconhece sua parte. Deixe-as virem e irem. Não se afogue na culpa: isso, na verdade, enfraquece a visão da sua parte e impede que você tome uma atitude. Lembre-se que sua parte não diminui a dos outros. Aprecie que encarar sua parte às vezes ajuda os outros a fazerem o mesmo.

Cada vez mais, tente encontrar um caminho para um tipo de paz. Quando você enxerga sua parte claramente e com todo o coração, não está se opondo a nada. E ninguém pode dizer algo sobre o seu papel que você já não saiba. Há um alívio, uma suavização e abertura, uma noção ressurgente do seu bom coração.

Depois, gentilmente, veja se consegue se lembrar de alguma ação que seria sábia e útil. Talvez, algumas comunicações com outras pessoas, resoluções sobre o futuro ou fazer as pazes. Leve tempo aqui; confie que saberá o que fazer.

Quando você tiver uma noção dos benefícios de reconhecer sua parte, absorva. Você certamente merece! Reconhecer sua participação em uma situação complicada é uma das coisas mais difíceis — e acho que mais dignas — que uma pessoa pode fazer.

39

Admita seus erros e siga em frente

Lembre-se de um momento em que alguém maltratou ou colocou você para baixo, falou de modo rude, cometeu um erro, entendeu algo errado ou afetou você de maneira negativa mesmo sem intenção. (É isso o que quero dizer, de modo geral, com *erros*.) Se a pessoa se recusou a assumir os erros, é provável que você tenha ficado triste, sentido frustração e pouca pretensão de confiar nela no futuro. Os relacionamentos são abalados por erros não assumidos. Por outro lado, se essa pessoa reconheceu que errou, pode ter ajudado você a sentir mais segurança e carinho por ela — e mais disposição para admitir os seus.

Uma vez, saí para jantar com meu filho, que já é adulto, e ele me lembrou de como eu opinava com uma certa... ahn... intensidade quando ele era criança. Eu gaguejei e desviei um pouco da resposta, mas tive que admitir a verdade no que ele estava dizendo (e reconhecer a coragem que ele teve), e respondi que não faria mais aquilo. Quando fiz essa afirmação, ele se sentiu melhor e eu também. Depois, seguimos em frente para coisas melhores — por exemplo, mais sushi!

Como

Lembre-se que assumir os erros e seguir em frente é do seu interesse. Pode parecer fraqueza ou que você está dando um passe livre para outras pessoas pelos erros *delas*. Mas, na verdade, admitir que errou é uma atitude de pessoas fortes e coloca você em uma melhor posição com os outros.

Na sua mente, separe seus erros dos outros aspectos do relacionamento. Tente não os tornar maior do que são. Tenha especificidade. Você é quem julga por último. Tente não se prender na culpa ou nas autocríticas; tenha autocompaixão e respeito, como já exploramos na parte um.

Assuma os erros de forma clara para a outra pessoa. Seja simples e vá direto ao ponto. Você pode descrever o contexto — talvez fosse cansaço ou chateação por outras coisas —, mas tente evitar se justificar ou pedir desculpas. Às vezes, especialmente em situações complicadas, é melhor reconhecer sua culpa sem qualquer explicação em volta dela.

Tente ter empatia e compaixão com as consequências dos seus erros para a outra pessoa. Você pode se lembrar por que isso é bom para *você* fazer. Mantenha-se no assunto do erro por um tempo razoável, mas não permita que outras pessoas importunem por coisas que você já admitiu.

Se for relevante, pode ser útil dizer como a outra pessoa pode ajudar você a não cometer este erro no futuro. Por exemplo, se ela interrompesse menos durante as suas reuniões de trabalho, pode ser mais fácil não falar com um tom de voz raivoso. Se o pai ou a mãe dos seus filhos fizesse mais parte da vida deles ou das tarefas de casa, você poderia ter mais paciência na briga entre irmãos no fim de um longo dia. Uma estrutura útil para isso é algo como: *Honestamente, não quero fazer X de novo e assumo a responsabilidade. Não estou culpando você por X. Além disso, apenas um fato, me ajudaria se você fizesse Y; é o meu pedido.* Tenha cuidado nesse momento para não fazer uma acusação raivosa sobre como a outra pessoa sempre faz Y, como isso é muito ruim e como ela é horrível, assim por diante. Você está fazendo um pedido simples — provavelmente um obviamente sensato —, e a outra pessoa fará Y ou não.

Fique de olho e observe as atitudes dela. Enquanto isso, evite fazer X o máximo que puder.

Faça um compromisso com você, e talvez com a outra pessoa, para não cometer o erro de novo. Se escorregar, saiba reconhecer e se comprometer novamente para evitá-lo no futuro. Compromissos assim garantem que você não esteja falando da boca para fora e oferecerá respeito enquanto tranquiliza os outros.

Quando parecer a hora certa, pare de discutir sobre seus erros. Depois — nossa! —, é hora de seguir em frente. Para assuntos mais positivos e maneiras mais produtivas de se relacionar com a outra pessoa. Siga em frente para se sentir mais leve e com mais lucidez.

40

Largue o osso

Há alguns anos, eu não queria largar um "osso" contra uma pessoa. Foi uma combinação de críticas a ela, irritações com outros que não me defenderam, e a mágoa por trás disso tudo. Não é que eu não tenha sido maltratado — é sério, eu fui. O problema era que meu caso era tendencioso ao meu ponto de vista, saturado por raiva e repleto de eu-eu-eu. Toda vez que pensava no assunto, eu ficava agitado e irritado. Meu caso criou problemas com outras pessoas que me apoiavam, mas estavam preocupadas em serem arrastadas para minhas reclamações. Todos os meus pensamentos excessivos sugaram a atenção e a energia para longe de coisas mais felizes e produtivas.

Em um relacionamento difícil, uma ou ambas as pessoas muitas vezes possuem uma Lista de Reclamações detalhada contra a outra. É normal, embora seja doloroso. Porém, é muito útil perceber que você pode ver as pessoas claramente, reconhecer os danos causados a você ou outros, ter autocompaixão e se apoiar, e tomar as atitudes apropriadas... tudo sem ser dominado por um caso justo, porém, raivoso, contra alguém.

Como

Escolha um relacionamento complicado e veja se você tem algo contra essa pessoa. É provável que seja relacionado a uma queixa, um ressentimento ou conflito. Dê um passo para trás e faça um resumo. Considere todas as maneiras pelas quais isso foi intensificado ou moldado por sua história de vida, incluindo relacionamentos prévios que remontam à infância. Por exemplo, como eu era uma criança tímida, ficava bravo com a "galera descolada" que liderava os grupos que me excluíam na escola. Até mesmo hoje em dia, esses velhos sentimentos podem causar uma forte reação quando você fica de fora de algo.

Em seguida, considere essas questões:

- Quais foram suas "recompensas" neste caso? Por exemplo, talvez suas críticas em relação a outra pessoa tenham ajudado você a evitar sentir muita tristeza pelo que aconteceu nesse relacionamento.
- O que custou para você — e talvez para os outros — se envolver demais nesse caso? Talvez tenha perturbado seu sono e colocado amizades mútuas em posições desconfortáveis.
- Os benefícios valeram os custos?
- Você consegue sentir autocompaixão agora, enquanto faz essa reflexão?

Depois, observe como vários outros casos começam a formar na sua mente, tentando colocar as garras em você. Você pode senti-los em seu corpo, como uma expressão de dor ou irritação em seu rosto, um aperto no estômago e uma sensação geral de agitação. Veja se consegue interromper esse processo. Concentre-se nos sentimentos ternos ocultos dentro de você e tenha compaixão por eles. Se a sua mente começar a voltar para a atividade verbal do caso, retorne sua atenção para os sentimentos ocultos e para as sensações corporais.

Deixe a carga emocional do caso passar por você, liberando, indo embora. Permita-se enxergar de maneira clara, como se estivesse no topo de uma montanha. Sinta sua sinceridade, seu bom coração. Largue o osso, deixe-o ir, como se estendesse a mão e soltasse um grande peso.

Que alívio!

41

Continue do lado certo quando houver injustiça

É fácil tratar outras pessoas bem quando tratam você gentilmente. O verdadeiro teste é quando elas tratam mal. É natural querer devolver na mesma moeda. Pode ser bom — por um tempinho. Porém, a outra pessoa também pode exagerar na reação e agora vocês estão em um ciclo vicioso. Outros podem se envolver e se machucar. Não ficamos bem na fita quando agimos por transtorno e os outros se lembram. Fica mais difícil de resolver os problemas de maneiras sensatas. Quando você se acalma, pode se sentir mal por dentro.

Então, exploraremos como você pode se defender sem os excessos flamejantes que possuem consequências ruins para você e para os outros.

Como

Você pode usar essas sugestões tanto no calor do momento quanto como uma abordagem geral em um relacionamento complexo.

Concentre-se

Este passo pode levar alguns segundos ou, se preferir, minutos. Aqui está uma rápida revisão dos primeiros socorros psicológicos:

182 • Fale com sabedoria

- **Pare** — Você raramente se mete em problemas por coisas que *não* diz ou faz. Quando trabalho com casais, muito do que tento fazer é d-e-s-a-c-e-l-e-r-a-r para evitar reações em cadeia descontroladas.
- **Tenha autocompaixão** — É uma noção de: *Ai, doeu. Sinto afeição e me importo com meu sofrimento.*
- **Fique do seu lado** — É a perspectiva de ser ao *seu* favor, não contra os outros. Você se defende, sua força é para benefício próprio.

Esclareça os significados

Quais são os valores ou princípios mais importantes que a outra pessoa possa ter violado? Por exemplo, em uma Escala Horrível de 0 a 10 (em que 1 é um olhar de desprezo e 10 é uma guerra nuclear), o quanto é ruim o que a outra pessoa fez ou está fazendo? Quais significados você está atribuindo à situação — e são precisos e proporcionais ao que aconteceu? Situações não possuem um significado inerente; o significado que possuem são os que *nós* atribuímos. Se o que aconteceu é um 3 na Escala Horrível, por que ter reações que são um 5 (ou um 9!) na Escala da Chateação?

Veja a situação completa

Pare um momento para se concentrar no seu corpo como um todo… no espaço que você está ocupando… olhe para o horizonte ou para cima… imagine a terra e o céu se expandindo de onde você estiver… e observe como essa sensação de um todo maior é tranquilizante e esclarecedora. Depois, coloque o que essa pessoa fez no contexto atual da sua vida. O que aconteceu pode ser uma parte pequena desse todo. De modo semelhante, coloque a situação no contexto de toda a sua vida; é provável que dessa forma também seja apenas uma pequena fração.

Além das injustiças, quais são algumas das muitas, muitas coisas boas na sua vida? Tente ter uma noção das muitas dezenas de coisas realmente boas, em comparação com o que quer que tenha acontecido de ruim.

Consiga apoio

Quando somos maltratados, precisamos que outros "sejam testemunhas" mesmo que não possam mudar nada. Tente encontrar pessoas para apoiarem você de maneira equilibrada, sem exagerar ou suavizar o que aconteceu. Consiga bons conselhos — de amizades, terapeutas, advogados ou até mesmo da polícia.

Tenha perspectiva

Nos próximos capítulos, farei sugestões específicas sobre como falar sobre problemas difíceis, resolver conflitos e, se necessário, limitar um relacionamento para um tamanho que seja seguro para você. Neste, estou focando a situação completa.

Ouça sua intuição, seu coração. Existe algum princípio orientador para você nesse relacionamento? Você consegue enxergar algum passo importante que está sob sua influência? Quais são suas prioridades, como a sua segurança e a dos outros? Se fosse escrever uma cartinha para você com boas orientações, o que diria?

Reconheça que algumas injustiças nunca serão corrigidas. Isso não significa diminuir ou justificar comportamentos ruins. É uma realidade que, às vezes, você não pode alterar. Quando esse é o caso, veja se consegue sentir a dor do dano que nunca poderá ser corrigido, com autocompaixão.

Tome a atitude correta

Quando você sofre uma injustiça, é especialmente importante — mesmo que muito difícil! — se comprometer a praticar a virtude unilateral, como exploramos no capítulo 24 ("Cuide da sua calçada"). Saiba quais são os seus Sins e Nãos. Com certas situações e pessoas, foi útil me lembrar de "instruções" específicas, como: *Mantenha o foco — não siga as acusações distrativas. Continue respirando. Mantenha-se moderado e direto ao ponto. Não sentir que preciso me "provar" ou justificar.* Sintonize-se também com o sentimento de calma e foco.

Se você for interagir com essa pessoa de novo, pense em como gostaria de se comportar em situações específicas, como reuniões familiares, uma avaliação de desempenho no trabalho ou um encontro com algum ex enquanto está com seu atual cônjuge. Você pode "ensaiar" mentalmente respostas habilidosas para coisas diferentes que podem dizer ou fazer. Pode parecer exagerado, mas praticar em sua mente ajudará você a agir se as coisas ficarem intensas.

Tente ficar de fora de brigas. Uma coisa é trabalhar com alguém para a resolução de um problema, mas se prender em conflitos e discussões recorrentes é outra. As brigas corroem, como ácido, os relacionamentos. Eu tive um relacionamento sério nos meus vinte e poucos anos, mas nossas brigas regulares por fim danificaram tanto as terras do meu coração que o amor necessário para um casamento não conseguiria florescer por lá.

Se a outra pessoa começar a ficar mais enérgica — falar mais alto, provocar, ameaçar, explodir — afaste-se dela propositalmente, respire fundo algumas vezes, e continue buscando a sensação de calma dentro de você. Quanto mais fora de controle ela ficar, mais autocontrole você terá.

Na maior parte do tempo, você perceberá que *não precisa resistir à outra pessoa.* As palavras dela podem passar como uma rajada de ar levantando algumas folhas no caminho. Você não precisa argumentar. Seu silêncio não significa concordância, nem que a outra pessoa ganhou a discussão — e, mesmo se ganhar, isso importará daqui a uma semana ou um ano?

Se você estiver no comando, argumentando, insistindo que está do lado certo e as outras pessoas estão do lado errado, indo rápido demais, apontando dedos... tente acionar um pequeno alarme na sua cabeça de que você foi longe demais, respirar e se recompor. Você pode então compartilhar a sua opinião de uma forma menos agressiva e arrogante. Fale menos para comunicar mais. Ou você pode parar de falar, pelo menos por um momento. Definitivamente, tenho tendência a enfatizar meu ponto de vista, depois me lembro de uma sigla que ouvi de um amigo, PQEF: Por Que Estou Falando? (Ou PQAEF: Por Que *Ainda* Estou Falando?!)

Você pode reconhecer para a outra pessoa que entrou em uma espécie de discussão e, em seguida, completar que não é o que queria fazer. Se ela tentar continuar, você não precisa. Quando um não quer, dois não brigam.

Se for necessário, pare de interagir com a pessoa que foi injusta com você — por um tempo ou permanentemente. Saia do cômodo (ou do local), desligue o telefone, pare de mandar mensagens de texto. Saiba os seus limites e o que fará — de maneira concreta, prática — se alguém ultrapassá-los.

Esteja em paz

Os outros farão o que quiserem e, sendo realista, às vezes, pode não ser tão bom assim. Muitas pessoas desapontam: elas têm 1 milhão de coisas na cabeça, a vida tem sido difícil, tiveram problemas na infância, têm éticas confusas, os pensamentos são turvos, o coração é frio, ou são apenas egoístas e maldosas. Este é o mundo real e nunca será perfeito.

Enquanto isso, precisamos encontrar a paz no coração, mesmo que não esteja presente no mundo. Uma paz que vem quando fechamos os olhos e abrimos o coração, fazendo o possível e desistindo de coisas ao longo do caminho.

42

Dialogue sobre dialogar

Já trabalhei com muitas pessoas que possuem problemas umas com as outras. As especificidades variam. Porém, por trás de tudo, geralmente havia uma única questão fundamental: elas não conseguiam dialogar de modo efetivo sobre os problemas. As vozes aumentariam o volume, o tom ficaria agitado, alguém mudaria de assunto, outra pessoa explodiria e atrapalharia a conversa, ameaças seriam feitas, elas se sentariam em um silêncio absoluto. Na pior das hipóteses, teria gritos, as crianças ficariam com um olhar assustado, coisas terríveis seriam ditas e, às vezes, alguém precisaria ligar para a polícia.

Bons processos levam a bons resultados; resultados ruins vêm de processos ruins. Se os resultados nos relacionamentos não são tão bons, é o *processo* que precisa melhorar.

Quando você fala sobre dialogar com outras pessoas, o foco se distancia das questões específicas em evidência, que podem ser carregadas, até mesmo explosivas. Você está se afastando para observar o relacionamento com uma vista aérea e isso já pode ser tranquilizador. Em seguida, você pode discutir sobre como falar uns com os outros de maneiras mais respeitosas e eficazes.

Como

Metas e diretrizes compartilhadas

Mesmo que uma pessoa em particular esteja saindo dos trilhos, tente abordar isso como um problema "conjunto" — e uma oportunidade — em vez de algo como "eu corrigindo você". Deixe claro que as "regras da casa" aplicam-se para ambos. Refira-se às metas compartilhadas, como a cooperação na criação dos filhos mesmo se vocês forem um casal divorciado, fazer reuniões produtivas no trabalho, ou ter uma amizade harmoniosa em que as duas pessoas se sintam ouvidas e respeitadas. Enfatize seu desejo de entender a outra pessoa e de atender às necessidades dela do melhor jeito possível, como: *Quero entender o que eu fiz que magoou tanto você e, em paralelo, você me pode me ajudar sem gritar.* Ou: *Assim como você, quero ter certeza de que X não passe despercebido de novo, então, podemos descobrir o que levou a isso desta vez?*

Diminua a intensidade

Se você precisa dialogar sobre os diálogos, as coisas já podem estar carregadas e as pessoas podem ficar na defensiva. Então, é bom introduzir o assunto de maneiras que não adicionem tensão. É útil concentrar-se no futuro, em vez de criticar o passado. Por exemplo, você pode dizer: Daqui em diante, quando as pessoas fizerem sugestões no trabalho, podemos começar falando sobre o que gostamos na ideia delas antes de entrar nos problemas?

Em algumas circunstâncias, você pode precisar ser insistente, como: *Se você continuar falando comigo desta maneira, vou desligar a ligação.* Mas, em geral, os pedidos serão mais fáceis de serem ouvidos do que as exigências. Por exemplo: *Não estou tentando controlar como você fala. Estou apenas pedindo — é um pedido, não uma ordem —, pelo bem dos nossos filhos, se poderíamos falar um com o outro de uma maneira diferente.*

Sem culpar os outros, você pode se referir às suas necessidades e preferências, como: *Eu tive um padrasto muito autoritário e estridente, então, quando você se comporta de forma semelhante, eu tenho dificuldade em ser receptível ao que você está me trazendo.* Ou você pode reformular seus pedidos em termos de diferenças culturais — nem bom, nem ruim, apenas diferente —, como: *Na sua família, as pessoas são amigáveis, barulhentas e falam uma por cima da outra, o que não tem problema. No entanto, eu cresci de uma maneira diferente, em que as pessoas eram mais reclusas e esperavam a vez para falar. Se estamos nos divertindo, gosto do seu estilo. Por outro lado, se estamos falando sobre algo importante — isso vem da minha criação —, gostaria que você me ouvisse antes de dar sua opinião.*

Aliás, meus exemplos se originam no meu jeito de falar, moldado por uma infância na Califórnia e por ser terapeuta, e você pode adaptá-los para o seu estilo e sua situação. Embora, às vezes, seja como pisar em ovos, aprendi (do jeito difícil) que ter um cuidado extra na hora de falar pode evitar outros conflitos.

Quando colocar o "diálogo" na mesa

Na fluidez de uma conversa ou reunião, você pode fazer pequenas sugestões para levar o processo de volta para os trilhos. Por exemplo, você pode perguntar, *Perdão, me perdi um pouco. Qual é o assunto?* Ou pode dizer, *Acho que estamos ficando agitados, pelo menos da minha parte, então espero que possamos nos acalmar um pouco.* Ou você pode ir direto ao ponto desta forma: *Por favor, não vou interromper você e gostaria que não me interrompesse.* Ou: *Se algo incomoda, você pode falar comigo em vez de contar para outras pessoas?*

Se esses comentários rápidos forem o suficiente, ótimo. Se não, você pode se concentrar especificamente em como você e a outra pessoa estão interagindo. Se as coisas forem amigáveis e informais, você pode dizer algo como: *Observei que quando discutimos X, falamos de tudo e não resolvemos nada. Eu sei que sou uma grande parte do problema. Podemos falar sobre o que nos ajudaria a chegar a uma conclusão?* Por outro lado, se conflitos sérios e explosivos existem, pode ser apropriado dizer: *Gostaria de me encontrar com você e com um terapeuta [ou gerente] para discutir como falamos um com o outro, e para estabelecer algumas regras para o futuro. Quando seria um bom momento para você?* Ou pode dizer: *Como você sente tanta raiva e autoridade, não falarei mais com você pessoalmente. Só me comunicarei por escritos, por meio de mensagens de texto e e-mails. Se você me enviar algo abusivo, encaminharei para meus advogados.*

Você não precisa da permissão de ninguém para falar sobre nada. Nem precisa que os outros concordem para que você trace seus limites. Não precisa se desdobrar para evitar a menor possibilidade de que a outra pessoa diga que você a está criticando. Se tentarem mudar de assunto, você sempre pode retornar ao modo como falam um com o outro.

Sim e não

De maneira formal ou informal, pode ser útil ter determinação e especificidade sobre como você gostaria de falar com a outra pessoa (algo que se aplica aos dois). Aqui estão algumas sugestões:

Sim

- Pratique o "discurso sábio" (capítulo 30, "Cuidado com as palavras") ao dizer o que é bem-intencionado, verdadeiro, benéfico, oportuno, não rígido e, se possível, desejado.
- Comece com empatia pelos sentimentos um do outro.
- Diga o que você gosta ou concorda antes de dizer o que não gosta ou discorda.

- Tire um tempo para se reconectarem quando chegarem em casa depois do trabalho antes de entrarem na resolução de problemas.
- Quando for apropriado, use uma forma simplificada da "comunicação não violenta" desenvolvida pelo psicólogo Marshall Rosenberg: *Quando X acontece* [dito de forma específica e objetiva; não *quando você é um babaca*], *sinto Y* [emoções; não *sinto que você é um idiota*] *porque preciso de Z* [necessidades profundas, como: *segurança, respeito, proximidade emocional, não receber ordens*].
- Revezem os assuntos. Dê o mesmo tempo para o outro falar.
- Continue prestando atenção.
- Pergunte se é uma boa hora para falar.
- Pense sobre seu impacto, mesmo que sem intenções, em alguém de origem diferente.
- Tire um intervalo se as coisas ficarem agitadas demais; concorde quando voltar à conversa para terminá-la, em vez de evitá-la.

Não

- Fofoque ou diminua o outro com colegas de trabalho, amigos, filhos ou família.
- Minta, fale besteira, engane ou iluda.
- Berre, grite, soque a parede, arremesse coisas.
- Use palavrões ou jogue praga no outro.
- Xingue, insulte.
- Seja condescendente, complacente ou desdenhe.
- Mergulhe de cabeça em um assunto delicado.
- Discuta quando está com fome, sentindo cansaço ou passando mal.
- Inclua problemas secundários, especialmente os que são inflamatórios.

- Bloqueie, fuja ou se recuse a abordar certos assuntos.
- Fique na defensiva ou contra-ataque para evitar lidar com alguma coisa.
- Nunca, nunca aja com violência ou ameace.

Você pode escrever sua própria versão da lista e colar na geladeira de casa ou enviar para alguém como uma sugestão de regras básicas de comportamentos futuros. De uma maneira mais ampla, você pode encontrar um livro que ambos gostem e concordem em usar como um tipo de manual do relacionamento. Existem muitos guias excelentes, e um dos meus favoritos é *Say What You Mean* [Diga o que você quer dizer, em tradução livre], do especialista em comunicação Oren Jay Sofer.

Se você se afastar das regras, reconheça e volte para "dentro dos limites". Se a outra pessoa sair da linha, muitas vezes é importante chamar atenção para isso e pedir para ela voltar a cumprir as regras. Caso contrário, ela pensará que não há problema em sair da linha. Se alguém diz que quer melhorar o processo com você, mas continua quebrando as regras, esse fato passa a ficar no topo da lista do que é importante abordar com essa pessoa. Se ela continua a ultrapassar seus limites, então você pode precisar se desvincular o máximo possível.

Você pode deixar coisas pequenas passarem e ficar confortável com um estilo de diálogo natural e livre, contanto que não se torne abusivo. Mas, no geral, tenha seriedade em como falam com você e como você fala com os outros, e em como as interações se desenvolvem, especialmente em relacionamentos importantes. Você tem direitos e necessidades legítimos. Quase certamente, muitas outras pessoas iriam querer receber o tratamento que você está pedindo. Você não está sendo sensível demais ou um "alecrim dourado". Está buscando o bem maior em interações e relacionamentos e se disponibilizando para cumprir as regras.

43

Diga o que quiser

Nascemos querendo. Desde a primeira respiração, queremos conforto, comida e a sensação de cuidado de outras pessoas. Crianças querem coisas de seus pais. E os pais querem coisas das crianças — como voltar a dormir às 3h! Querer é natural. Porque dependemos uns dos outros, é claro que queremos coisas uns dos outros.

À medida que saímos da infância e entramos na idade adulta, os desejos se tornam mais complexos. Expressá-los pode se tornar algo carregado de emoções, cauteloso ou reprimido. Por mais comum que isso seja, é um problema principal e um bloqueio nos relacionamentos. Você não pode fazer acordos com outras pessoas sobre o que você quer se não disser o que é.

Como

Neste capítulo, nos concentraremos em como você pode esclarecer e comunicar o que *você* quer. Isso também pode ajudar você a entender e responder melhor os desejos de outros. Depois de passar por esse capítulo no que se refere a você, pense em uma pessoa importante na sua vida e considere o que ela pode querer no geral — e, em particular, de você.

Atente-se aos desejos

Alguns são fáceis de expressar, como: *Por favor, abra a porta.* Desejos onde há mais em jogo são potencialmente mais arriscados de abordar e, portanto, mais difíceis de dizer. Dependendo da situação, exemplos incluem:

Gostaria de um papel de mais liderança nesta equipe.

Quero levar mais créditos por minhas conquistas nesta empresa.

Gostaria da sua completa atenção quando conversamos.

Você pode demonstrar mais afeto sem levar para o lado sexual?

Preciso de mais tempo a sós.

Você precisa fazer sua parte na hora de lavar as louças.

Podemos fazer amor uma ou duas vezes na semana?

Não quero ter filhos e sei que você quer.

Precisamos economizar mais para quando estivermos aposentados.

Estou triste e gostaria de ser confortado.

Quero dar todo o amor em meu coração para você.

À medida que leu os exemplos, houve algum que fez você estremecer ou pausar, talvez pensando: *Eita, eu não conseguiria dizer isso.* É normal ter sentimentos e inibições que bloqueiam o que queremos e a maneira como abordamos. Por exemplo, nos meus 20 e poucos anos era muito difícil expressar meus anseios por ser amado.

Tente ter consciência dos sentimentos e, talvez, dos bloqueios que aparecem quando você se aproxima de dizer algo importante que você deseja. Por exemplo:

- Pode haver uma tensão na sua garganta, um vazio no estômago, uma ansiedade crescente, um medo das reações da outra pessoa, ou uma sensação antecipada de derrota em um relacionamento com conflitos recorrentes.
- Observe qualquer desvio de usar a franqueza e de ir direto ao ponto, como o uso de eufemismos, termos vagos ou abstratos, ou representantes superficiais para o que é realmente importante (por exemplo, concentrar-se em uma única palavra errada que alguém usou, em vez de fazer um pedido vulnerável por mais respeito em geral).
- Tenha consciência de quaisquer conexões com a maneira como foi criado; por exemplo, evitar assuntos como sexo e dinheiro. Como seus pais expressavam o desejos deles? Como respondiam quando você expressava os seus?
- Considere como você tem sido socializado em termos de gêneros, classe social, raça, religião, ou a cultura geral de onde você cresceu ou vive no momento. O que "pessoas como você" devem querer e como deveriam falar sobre isso?

À medida que você aprofunda a consciência de suas reações aos seus desejos, eles terão menos poder sobre você e você será mais capaz de dizer o que realmente quer.

Saiba o que quer

Imagine uma pessoa muito gentil e apoiadora — pode ser alguém que você conhece, um professor ou ser espiritual — perguntando o que você realmente quer da vida em geral, e em relação a relacionamentos, situações ou questões. O que você quer de pessoas específicas? O que você gostaria que elas sentissem por você? O que gostaria de ouvi-las dizer? Pense em situações passadas que foram ruins, como uma grande discussão; o que você gostaria que a outra pessoa tivesse feito — e faria de diferente no futuro? Reserve um tempo para refletir acerca dessas questões. Na sua mente, no papel, quais são as respostas? Nesse exercício, como se sente ao expressar seus desejos por completo, em um espaço seguro e receptivo, e tê-los ouvido profundamente por esse ser imaginário? Você pode confiar e valorizar este sentimento, procurar por pessoas com quem possa ter, pelo menos, uma noção dele e fazer o que puder para estimular interações que garantem uma maior sensação.

O que queremos geralmente tem dois aspectos: (1) uma *experiência* que seja (2) o resultado de uma *ação* ou *situação*. A experiência é a recompensa, e a ação e situação são um meio para um fim. Por exemplo, você pode querer que alguém valorize mais sua opinião no trabalho: esse reconhecimento — demonstrada por meio de elogios ou apenas por um tom de respeito — é um meio para o fim da experiência de sentir valorização, inclusão e que você é desejado(a). Esse ponto aparentemente óbvio tem grandes insinuações: Significa que *não estamos tão presos a ações ou situações específicas para ter a experiência que desejamos.* Pode haver muitos jeitos para que você sinta a valorização, o reconhecimento e a importância. Podemos ficar obcecados por pessoas específicas dizendo coisas específicas de maneiras específicas para ter uma experiência desejada. Se fazem isso, tudo bem, mas se não fazem, onde você fica? Então, quando explorar seus desejos, continue destacando as *experiências* que você busca, incluindo as camadas mais profundas e suaves. Tente identificar uma variedade de coisas que os outros poderiam fazer para estimular essas experiências. Então, há mais flexibilidade nos seus pedidos — e mais probabilidade de conseguir as experiências que deseja.

Ter o máximo de clareza e especificidade possível sobre o que você gostaria que os outros *fizessem* é útil. A clareza possui múltiplos benefícios, incluindo:

- Reduzir potenciais desentendimentos.
- Um sentimento de autovalorização por ter realmente falado.
- Tranquilizar com frequência os outros de que o que você está pedindo é possível.
- Em situações de conflito, alerte os outros; então você saberá que eles sabem, com uma clareza inconfundível, o que você deseja.
- Fornecer uma base sólida para acordos, e uma maneira fácil de saber se o acordo foi cumprido.

Pense em um relacionamento importante, talvez um com desafios significantes. Como seria se a outra pessoa oferecesse o que você deseja? Por exemplo, no trabalho, o que diriam sobre você em uma reunião? Qual salário pagariam? Como apoiariam você na empresa? Em casa, quantas noites por semana fariam o jantar para você? Qual tom de voz nunca usariam com seus filhos? Como tocariam você? Quando vocês fariam amor?

Tente transformar sentimentos vagos em pedidos específicos. Suponha que você gostaria de se sentir "melhor" ao lado de alguém. O que isso significa? O que essa pessoa poderia fazer para você se sentir melhor ao lado dela? Talvez um tom de voz mais carinhoso, menos críticas e mais reconhecimento das suas contribuições. Na maioria dos relacionamentos, até mesmo nos do trabalho, você poderia pedir por tais coisas. Suponha que você deseja que seu cônjuge e pai ou mãe dos seus filhos "ajude mais" em casa. O que isso realmente quer dizer? Talvez, o "mais" seja varrer a cozinha toda noite e tomar as rédeas em procurar uma solução para os problemas de leitura do filho que está no terceiro ano da escola.

O que queremos dos outros inclui o que acontece dentro da mente deles, não apenas o que dizem ou fazem. Dependendo da situação, você pode desejar que alguém seja mais paciente, tenha mais compromisso com a sobriedade, mais interesse em seu mundo interior ou mais disposição de assumir a responsabilidade pela participação em um conflito. Isso não significa que você deve se tornar a Patrulha do Pensamento. Assim como você pode levar sua mente para um caminho melhor, também pode pedir para os outros fazerem o mesmo.

Diga a eles

Muitas vezes, expressamos nossos desejos de maneira implícita, como ir em direção ao cônjuge para abraçá-lo. Se um olhar ou uma dica é o bastante, ótimo. Mas se não for, então, você precisa demonstrar de forma mais explícita. No próximo capítulo, exploraremos como chegar a um acordo com os seus desejos e os dos outros. Neste, estamos nos concentrando em como colocar as suas aspirações em jogo.

Quanto mais difícil for falar sobre algo, mais importante é se apoiar antes de começar. Você pode usar os capítulos da parte um, buscar encontrar uma sensação de força suave, a autoaceitação e saber que você é uma boa pessoa. Imagine que um ser sábio está sentado ao seu lado enquanto você começa a falar, respeitando e oferecendo coragem para você. Se puder, encontre um sentimento de benevolência pela outra pessoa; você não está perseguindo ela, mesmo que o seu desejo possa deixá-la desconfortável.

Da melhor maneira que conseguir, estabeleça uma base com a outra pessoa. Em seu trabalho inovador com casais, John e Julie Gottman descobriram que uma transição mais lenta e mais suave para um assunto importante, muitas vezes, é melhor do que entrar nele de forma abrupta e intensa. Conforme apropriado, tire um tempo para estabelecer uma conexão emocional. Fale sobre assuntos neutros ou prazerosos antes. Existe algum apreço ou carinho que você poderia expressar pela pessoa? Ela está bem atualmente? Você quer que ela escute, então é prudente ouvi-la. Isso não é ser uma pessoa manipuladora, o que envolve enganação; o que você está dizendo é verdadeiro para você, mesmo que esteja ligado ao propósito de estabelecer uma base para uma conversa mais profunda.

O brilhante terapeuta de casais Terry Real enfatiza a estrutura do "nós", em vez do "você" aqui e do "eu" ali. Você pode introduzir o assunto do seu desejo nesse contexto, descrevendo a relação que ele tem no suporte do relacionamento entre vocês dois e seus objetivos em comum. Em um contexto de trabalho, pode soar desta forma: *Eu valorizo nosso relacionamento profissional e tenho uma sugestão sobre como podemos ser mais eficientes juntos. Podemos conversar? E, se não puder agora, quando seria uma melhor hora?* Com um cônjuge, você pode dizer: *Você é muito importante para mim e como estamos juntos também afeta nossos filhos. Me senti um pouco desconfortável ultimamente e gostaria de conversar sobre como melhorar a situação. Tá bom?*

Reestabelecer a estrutura do "nós" durante a conversa pode ser útil, especialmente se estiver começando a parecer que um ou os dois estão se afastando para cantos separados e vestindo armaduras. Tente receber o consentimento da outra pessoa para ter essa conversa, em vez de surpreendê-la. Ela pode sentir que há uma crítica no seu desejo e a estrutura do "nós", junto com o consentimento dela, pode ajudá-la a ficar mais confortável e a se abrir mais. Porém, você tem o direito de dizer o que quer mesmo se ela *realmente* não quiser escutar.

À medida que você entra no assunto, pode ajudar mencionar as experiências que você está buscando, enfatizando o que é normal e universal. Por exemplo, no trabalho, você pode dizer algo assim para seu chefe: *Ficaria feliz em receber projetos ainda mais desafiadores no futuro; Gosto do sentimento de esforço e da sensação de que estou fazendo diferença para a equipe.* Para um cônjuge, você pode dizer: *Eu sei que você se importa comigo e, mesmo assim, gostaria de ouvir você dizer um pouco mais, o que me deixaria muito bem por dentro.* Se parecer certo, você pode se incentivar a ter mais coragem para revelar os desejos mais profundos em seu coração, como: *Você é especial para mim e quero sentir que sou especial para você.*

Fale sobre o passado se for necessário, mas, o máximo que puder, *transforme as queixas sobre o passado em promessas para o futuro.* As pessoas podem argumentar para sempre sobre o que realmente aconteceu, quem fez o que e qual foi o tamanho da confusão. Porém, você não precisa discutir sobre o passado para concordar com o que fará *daqui pra frente.* Dá bastante esperança! E quando você coloca seus desejos em forma de pedidos, é mais fácil para os outros ouvirem sem sentirem que estão sendo ordenados a fazê--los. Você geralmente não pode forçar as pessoas a fazerem nada, mas *pode* pedir com clareza, de maneira persuasiva e, se necessário, firme. Você observará e verá o que eles vão fazer, depois decidirá como responderá.

Se a outra pessoa continuar trazendo o passado à tona ou culpando você, você pode focar de novo o futuro, como este simples diálogo:

PESSOA A: Realmente não gosto quando gritamos um com o outro e gostaria que isso parasse.

PESSOA B: Você é quem sempre está gritando comigo!

A: [pensando: Não é verdade, aff; mas discutir sobre o passado retirará o foco do que eu quero daqui para frente.] Independentemente do que aconteceu no passado, gostaria que parássemos de gritar um com o outro daqui em diante. Me causa chateação.

B: Você está me culpando de novo por isso.

A: Não gosto quando eu grito, não só quando você grita. Não vou mais gritar com você e estou pedindo para que não faça isso comigo. Ok?

B: Eu nunca grito. Você está exagerando.

A: Então, gritarmos um com o outro não será um problema. Tá bom, sem gritos daqui para frente?

B: Tá, tanto faz.

A: Isso é muito importante para mim. Você diz que não grita comigo. Gosto disso e não vou gritar com você.

B: Você sempre está tentando me controlar. Assim como tenta controlar nosso filho.

A: [pensando: Uau, que golpe baixo, ainda por cima usando nosso filho. Posso querer conversar sobre algumas coisas depois, mas no momento, vou me concentrar em não gritar.] Se isso é uma atitude controladora, se aplica a nós dois. Apenas estou feliz que não vamos mais gritar um com o outro a partir de agora. É sério, gosto da sua disposição para falar comigo sobre isso. Acho que será bom para o nosso relacionamento e para a nossa família.

No diálogo anterior, a pessoa A não buscou nenhuma questão adicional e não pediu desculpas por querer algo — nesse caso, o fim dos gritos. Pode ser assustador dizer o que queremos e, potencialmente, ameaçador e irritante para outra pessoa ouvir. Qualquer desejo que seja importante o bastante para ser mencionado é provável de ter uma carga emocional para ambos. Manter essa carga em mente e ajudar-se a manter a concentração e calma enquanto diz o que quer, aumentará as chances de conseguir.

Chegue a um acordo

Muitas situações destacam a necessidade de acordos, como a mudança de tarefas dentro de uma equipe no trabalho, a decisão de ter filhos ou um novo colega de quarto. A maioria dos nossos acordos com outras pessoas não são preestabelecidos. Devemos *construí-los* por meio de um processo.

Quando fazemos bons acordos e os revemos conforme necessário, os relacionamentos correm bem e podemos construir coisas maravilhosas. Porém, quando não conseguimos concordar, os conflitos surgem e algumas oportunidades são perdidas. Os relacionamentos são fundamentados em confiança e a base dela é a concordância mútua. Quando os acordos são quebrados e não corrigidos, ou são mal-entendidos várias vezes, ou quando uma pessoa não faz o acordo mais básico de todos — de *manter* o acordo —, a base de qualquer relacionamento fica abalada, às vezes, ocasionando o término.

Como alguém que tem pavio curto quando se sente controlado, entender que os acordos podem ser libertadores foi útil para mim. Eles impedem questões como a perda de tempo e de atenção em um relacionamento, comprometem os outros a dar o apoio que você precisa, e oferece a você uma plataforma de confiança que você pode usufruir na vida.

Como

Encontre um ponto em comum

Suponha que vocês estejam em uma situação típica no trabalho ou em casa em que tentam entrar em acordo sobre algo. O assunto pode ser quanto tempo de televisão os filhos podem assistir, o que o gerente fará para ajudá-los a serem promovidos ou se deveriam se mudar para um bairro mais seguro. Talvez alguém esteja incentivando você a fazer algo que você não tem certeza — ou ao contrário. Talvez você esteja pedindo por um certo tipo de apoio emocional. Pense nas coisas que você gostaria de receber, mas que não está, visto que as pessoas ainda não concordaram em proporcionar. Digamos que você tenha dito o que quer ou os outros disseram. E agora?

Um bom primeiro passo é enfatizar o que vocês já concordaram. Quais são os fatos que vocês dois enxergam, as coisas que ambos se importam, os valores que possuem em comum? À medida que lidam com diferenças, procurem por semelhanças. Por exemplo, os dois podem estar na mesma página sobre ter um grupo de trabalho eficaz, serem cordiais em reuniões ou criar filhos saudáveis e felizes. As pessoas costumam concordar com o *fim* mesmo que discordem dos *meios*. Portanto, tente destacar os objetivos que vocês compartilham, tanto no começo da discussão quanto se os argumentos sobre os métodos ganharem intensidade.

Se outra pessoa propõe uma ideia, você pode começar dizendo o que gosta nela. Tente limitar a gama de discordância para que seja mais manejável. Por exemplo, no trabalho, você pode dizer algo assim: *Gosto da sua nova estratégia de RP, embora o preço esteja me preocupando.* Com um ex-cônjuge, pode ser: *Vamos namorar outras pessoas — que estranho, né? —, mas não acho que devemos apresentá-las às crianças até que seja um relacionamento sério.* Com uma amizade, você pode dizer: *É claro, vamos almoçar. Só precisa ser em uma área externa.*

Tenho tendência em ser desapegado, analítico e a buscar uma solução para as coisas. (Você já deve ter notado!) Então, tento me lembrar de um tipo de mantra: *Comece unindo-se* — com empatia, pontos de vista e valores compartilhados, notando onde vocês já concordam, eliminando e limitando qualquer questão que sobrar.

Negocie com eficácia

Até mesmo nos relacionamentos mais fortes e felizes, sempre há alguma negociação. A seguir, algumas coisas que ajudam nesse processo. Para tornar a negociação concreta e relevante, considere um conflito recorrente com alguém e como as próximas sugestões podem ser aplicadas.

Aborde um problema de cada vez

Por mais tentador que possa ser ir de uma queixa para a outra, juntar tudo ou jogar um montão de reclamações em alguém… não é muito eficaz. Em vez disso, escolha um problema, classifique-o, mantenha o foco nele e tente resolver. Em um fluxo natural, você pode precisar lidar com as camadas mais profundas, mas ainda se trata do mesmo problema. Você pode dizer para alguma de suas amizades: *Me magoei com o seu comentário no meu post no Facebook, mas não estou reclamando sobre palavras específicas. É sobre ter uma amizade em que nos tratamos com gentileza.* Se outro problema surgir e precisar ser resolvido primeiro, faça uma transição clara e sinalize que vocês ainda voltarão à questão inicial. Por exemplo: *Ah, cara, é mesmo, temos que decidir sobre o conserto do freio que o carro precisa, mas assim que resolvermos isso, voltaremos a falar sobre para onde devemos ir nas férias.*

Uma grande questão em relacionamentos é quem pode trazer os assuntos à tona e quais problemas recebem prioridade na atenção e

206 • Fale com sabedoria

resolução. Faça o que puder para destacar os seus assuntos e ignore qualquer pressão interna — ou externa — contra isso. *Você tem uma voz e ela merece ser ouvida.* Se você quer falar sobre X, mas a outra pessoa quer falar sobre Y, decida quem fala primeiro — com o entendimento claro de que vocês abordarão os dois assuntos. Se necessário, diga de antemão por quanto tempo passarão falando sobre cada um. Pode ser útil começar com o problema da outra pessoa, para aliviar a tensão e construir uma benevolência inicial, se for possível.

Se a outra pessoa continuar trazendo questões secundárias à tona, você pode apontar e retornar para o assunto. Se ela disser coisas que não são relevantes, como um comentário irritante sobre alguma das suas amizades ou uma sugestão sobre um assunto sem relação, ignore, porém, com uma nota mental de talvez retornar nisso mais tarde. Continue voltando para onde está o potencial de um novo e bom acordo. Mantenha o foco no resultado que você está buscando. Por exemplo, não temos que cutucar as pessoas sobre o passado enquanto elas estão tentando concordar conosco sobre o futuro.

Se você começar a sentir que a outra pessoa não tem intenções de fazer um acordo com você, então, tente falar sobre isso. Você pode dizer: *Talvez eu tenha entendido errado, mas você quer mesmo fazer um acordo comigo? Está com raiva de mim e agora é um momento ruim para tentar resolver um dos nossos problemas? Ou você apenas não quer se comprometer com nada?* Com sorte, a conversa levará os dois de volta para a estrutura de fazer um acordo. E, se não, você pode fazer uma pausa e voltar no assunto mais tarde. Ou, se necessário, e talvez infelizmente, você possa ter que reavaliar esse relacionamento e reduzir suas expectativas com o que você pode contar com a outra pessoa.

Decida

As pessoas podem discutir para sempre sobre valores elevados e ideias abstratas, como sobre o significado de *igualdade* no ambiente de trabalho, o quanto os pais devem ser *tolerantes* com os filhos ou o que é ser *legal*. Em vez disso, tente falar de maneira direta e específica, especialmente se houver um histórico de mal-entendidos — ou, sinceramente, evitações e mudanças de assunto. Por exemplo, o quanto a reunião de trabalho durará, qual será a agenda e quais as posições das pessoas que participarão? Em casa, quais são as expectativas para as tarefas de casa, das crianças, dos animais de estimação e se tamparam a pasta de dente? Com um casal que compartilha as finanças, o que pode parecer inicialmente uma grande divisão entre alguém "pão-duro" e um "grande gastador", pode se resumir a uma diferença de R$100 por semana no valor que desejam gastar quando comem fora — algo muito mais manejável.

Limitar e concretizar o que você está pedindo pode ser útil para ajudar a outra pessoa a perceber que pode não ser uma grande coisa fazer aquilo por você. Muitas vezes é incrivelmente fácil resolver um problema e deixar as outras pessoas felizes. Por exemplo, se seu cônjuge deseja mais conversas honestas, gastar vinte minutos algumas vezes por semana para fazer isso pode ser o bastante. Você pode deixar claro que terá uma grande satisfação se a outra pessoa fizer X ou Y ou Z.

Tenha clareza sobre o que cada pessoa fará, quando e como. Você pode dizer com o que acha que está concordando e pode pedir para que façam o mesmo. Tente reduzir qualquer confusão ou ambiguidade, o que torna muito fácil para alguém eventualmente sentir decepção.

Dar para receber

A maioria dos nossos relacionamentos envolvem trocas de uma forma ou de outra. Isso não significa manter uma pontuação a cada segundo, mas, a longo prazo, existe um equilíbrio razoável de toma-lá-dá-cá. Portanto, tente descobrir o que você poderia fazer para convencer a outra pessoa a ficar a seu favor. Com uma amizade, você pode dizer: *Se eu dirigir, podemos comer no meu restaurante favorito?* No trabalho, pode dizer: *Agradeço o relatório e ficarei feliz em fazer cópias para a reunião.* No geral, você pode fazer essa pergunta simples e poderosa: *O que ajudaria você a me dar o que eu quero?*

Grandes problemas muitas vezes estão conectados e não há problema em fazer um grande caso deles. Por exemplo, um padrão clássico em relacionamentos românticos é o *perseguidor/distanciador*: quanto mais uma pessoa tenta se aproximar, mais a outra se afasta... o que naturalmente faz a primeira pessoa querer se agarrar mais. Então, quem persegue pode dizer: *Darei mais espaço para você*, e quem se distancia pode responder: *Agradeço, e melhorarei em dizer que te amo.* Quando um casal tem filhos, às vezes um dos pais gostaria de um trabalho em equipe melhor enquanto o outro espera restaurar o relacionamento íntimo, e pode ser útil abordar ambas as necessidades juntos. Lembro-me de um dos pais brincando comigo: *As preliminares começam quando meu cônjuge começa a fazer a merenda das crianças de manhã.*

Em um relacionamento importante, mesmo que o seu desejo seja questão de preferência ou se a outra pessoa não entende por que você iria querer *aquilo*... ela ainda pode escolher dar o que você querer porque, *dã*, ela se importa com você. Adotar essa abordagem pode ser uma maneira eficaz de parar de discutir sobre os méritos específicos de algo que você deseja e, em vez disso, ir para um nível mais elevado que se trata do cuidado geral um com o outro.

Consolide os ganhos

À medida que você resolve uma questão, pode ser tentador abordar outra. Porém, isso pode cutucar a onça com vara curta logo quando as coisas começaram a se acalmar. Pode ser estressante e cansativo falar em meio aos problemas, então pode ser inteligente reconhecer o progresso que você alcançou, não esgotar a outra pessoa e torná-la relutante em falar com você sobre os acordos no futuro.

Grandes problemas costumam ser resolvidos por meio de uma série de pequenos acordos. Na sua mente, você pode mapear uma progressão de etapas que se complementam, ganhando impulso e fortalecendo a confiança ao longo do caminho.

Aborde os acordos que foram quebrados

Quando quebramos um acordo, é importante dizer que isso aconteceu. Do contrário, o acordo quebrado se tornará o novo padrão — e mantê-los parecerá, em geral, uma prioridade menor no relacionamento. Se você quebrou um acordo, reconheça abertamente, e comprometa-se de novo ou sugira uma versão revisada que seja mais fácil para você cumprir.

Se a outra pessoa quebrou um acordo, descubra o motivo. Você pode começar com cuidado, sem chegar com uma acusação fervorosa. Houve algum mal-entendido genuíno sobre o que exatamente era o acordo? Por exemplo, uma pessoa pode achar que o prazo para entregar um relatório "no final da semana" é na sexta-feira, enquanto para outra pessoa pode ser no domingo. Houve fatores que entraram no caminho ao tentar manter o acordo — por exemplo, leva mais tempo completar uma tarefa com o trânsito da hora do rush — e que vocês devem levar em conta no futuro? Alguém simplesmente se esqueceu? Ou a outra pessoa nunca se comprometeu com o acordo em primeiro lugar? Ou, pior ainda, ela apenas não se importa em manter as promessas feitas a você? São perguntas que você precisa da resposta.

Se um acordo foi quebrado por conta de um desentendimento, um imprevisto ou apenas um simples esquecimento, geralmente é fácil restabelecê-lo, talvez com algumas modificações. Porém, se for evidente que a outra pessoa não leva os acordos a sério — talvez demonstrado quando ela minimiza as promessas que fez a você e quebrou, fica na defensiva, torna algo sua culpa de alguma forma e contra-ataca porque você ousou falar sobre o que ela fez —, *então isso fica no topo da lista como um problema principal.* Você pode (relativamente!) manter a calma e o foco enquanto lida com isso, extraindo de coisas que já exploramos neste livro. Às vezes, as pessoas reclamam e resmungam quando se comprometem de novo a um acordo... e, em seguida, continuam seguindo com ele. Você pode precisar ir um tanto direto ao ponto, até mesmo usar a seriedade, para se comunicar com uma pessoa que é indiferente aos acordos. Se esse for o caso, no trabalho você pode dizer: *Não, não sou como seu antigo gerente; quando você me diz que fará algo até uma certa data, eu espero que isso aconteça.* Com um cônjuge, você pode dizer: *Poderia tratar seus acordos comigo e com nossos filhos com a mesma seriedade que você trata os do trabalho?* Dependendo da situação, você precisará usar bastante franqueza: *Tenho um compromisso de manter meus acordos com você. Não posso forçar você a manter seus acordos comigo. Mas posso dizer que, se isso não acontecer, não me envolverei mais neste relacionamento porque, francamente, não conseguirei confiar em você.*

Acordos importam. Respeitar os que você faz e pedir para que as pessoas em sua vida façam o mesmo é uma forma dar uma importância para *você* e para os outros.

45

Redimensione
o relacionamento

Os relacionamentos possuem bases, como conhecimentos e valores compartilhados. Se um relacionamento é menor do que sua base, essa é uma oportunidade para ampliá-la, caso deseje. Por outro lado, se um relacionamento é maior do que as verdadeiras bases, isso cria riscos para você e, talvez, para outros.

Redimensionar um relacionamento é um processo natural. Com um conhecido casual, você pode aprender que ambos tiveram problemas de saúde, criando uma oportunidade para uma conexão mais profunda. Ou, talvez, uma amizade de longa data diz para você superar a morte do seu amado cão de estimação depois de um mês, o que motiva você a se afastar dela. Às vezes, há uma diferença básica entre duas pessoas. Ninguém está certo ou errado; é simplesmente (digamos) que a outra pessoa nunca será tão extrovertida quanto você, ou tão interessada em arte e música — então vocês começam a passar menos tempo juntas.

Imagine um círculo que representa todas as possibilidades com uma outra pessoa quando vocês se encontram pela primeira vez. Em seguida, coisas acontecem que levam a modificar esse círculo, reduzindo o escopo do relacionamento e como ele afeta você. Por exemplo:

Hmm, nossos valores políticos estão do lado oposto do espectro, é melhor não abordar isso.

> *Depois daquele primeiro encontro, não tenho interesse no romance.*
>
> *Essa pessoa é divertida, mas não gosto de ir a bares com ela.*
>
> *Não há muito apoio emocional quando eu preciso; não pedirei de novo.*
>
> *Não estou pronto para terminar este relacionamento, mas com certeza, não quero me casar.*
>
> *Adiarei isso até as crianças irem à faculdade e então analisar bem nosso relacionamento.*
>
> *Eu amo meu pai e cuidarei dele, mas ele não pode morar conosco.*

Redimensionar pode, na verdade, dar suporte a um relacionamento. Você não precisa cortar todo o contato — embora, se preferir, pode chegar a isso — para ter um relacionamento que você goste pelo que é, cujo tamanho e forma são baseados no que você pode realmente confiar e esperar da outra pessoa. Você tem o direito de redimensionar as coisas como julgar melhor. Saber desse direito pode deixar você mais confortável com a ideia de expandir o relacionamento, já que agora você sabe que pode diminuí-lo se for necessário. Também é mais fácil manter alguns relacionamentos — em vez de terminá-los — quando são mais circunscritos.

Como

Faça um balanço

Para criar um contexto, pergunte-se: *Em geral, como você quer que as pessoas tratem você, realmente? O que você sente que merece*

neste relacionamento? Qual o seu ponto de vista sobre relaciona-
mentos saudáveis, sãos e felizes, no trabalho e em casa, com a vizi-
nhança e amizades?

Em seguida, pense em um relacionamento que é complicado para você e como pode ser útil redimensioná-lo. Dependendo da situação, esse redimensionamento pode ser na forma de jantares mais curtos com parentes, ter outra pessoa na sala quando se reúne com alguém no trabalho, não conversar sobre religião com uma amizade, dizer um agradável olá (e nada mais) quando passar no corredor, deixar uma amizade casual se esvair pouco a pouco, terminar um relacionamento romântico, jamais expor sua vulnerabilidade para uma pessoa específica de novo, não retornar as ligações de alguém, ou abrir mão da esperança de fazer as pazes com um parente.

Para esse relacionamento, tire um tempo e considere: Alguns tópicos são particularmente carregados e uma fonte de conflito? A outra pessoa continua pedindo algo específico para você que você não quer oferecer? Você deseja coisas que ela, na melhor das hipóteses, não quer fazer? Algumas situações são uma armadilha para os problemas? Como você pode estar pedindo mais do que ela é capaz de oferecer? Quais são suas atuais fontes de tensão, frustração e decepção? Quando a situação ficar crítica, a outra pessoa fará a coisa certa mesmo se for difícil?

Por outro lado, quando o relacionamento dá certo? Sobre o que é seguro conversar? Com o que você pode confiar na outra pessoa? De quais maneiras ela se importa com você? Como ela é leal a você? Essa pessoa tem uma curva de aprendizagem nas partes sociais e emocionais da vida dela? Quando você observa o relacionamento ao todo, com vista aérea, há coisas que você pode fazer por conta própria — extraindo dos capítulos anteriores deste livro — que poderiam resolver quaisquer problemas notados antes, sem precisar limitar o relacionamento?

Considere o quanto esse relacionamento realmente significa para você. Você precisa ficar em bons termos com a outra pessoa por conta do seu trabalho ou de um relacionamento familiar (por exemplo, seu sogro)? Por outro lado, ficaria tudo bem se você nunca visse essa pessoa de novo? Quanto esforço você quer dedicar em consertar ou gerenciar um problema contínuo… ou você prefere se distanciar dessa parte do relacionamento? Prefere terminá-la por completo?

Pode parecer bastante sério, assustador e difícil revisar um relacionamento dessa maneira profunda. Tenha cuidado para não tirar conclusões precipitadas ou deixar uma interação recente obscurecer sua visão. Porém, você pode enxergar o que vê. O melhor previsor do futuro é o passado, e padrões de longa data costumam demorar para mudar, isso se mudarem. Você pode sentir gratidão, respeito, amor e compaixão junto a uma fria clareza por outra pessoa e o tipo de relacionamento que você pode ter com ela de maneira realista.

Corrija o que puder

Depois de fazer um balanço dessa forma, você tem basicamente três escolhas: aceitar o que a outra pessoa diz e faz e deixar estar, tentar corrigir as coisas ou limitar o relacionamento. Se você decidir por uma correção, pode extrair das muitas ferramentas que já exploramos. Por exemplo, se você sempre se decepciona com uma pessoa em uma certa área — talvez ela nunca se refira a você em uma reunião —, você pode dizer o que deseja e tentar chegar a um acordo, como discutimos nos dois capítulos anteriores.

Se houve uma grande quebra de confiança — como mentira, infidelidade, uso secreto de drogas ou o uso indevido de dinheiro que ambos compartilham —, penso que qualquer correção significativa deva incluir a responsabilidade e o remorso da outra pessoa, que deve oferecer para você o que você precisa para saber que *isso nunca acontecerá de novo*. Se a pessoa começar a enrolar sobre o que realmente fez, diminuindo, dizendo que você precisa seguir em frente, é difícil saber se pode confiar nela de novo, o que provavelmente significa que é melhor limitar o relacionamento.

Se há uma diferença básica entre vocês por alguma coisa — como o quanto gostariam que a casa que compartilham permaneça limpa e organizada, o quanto gostariam de ter conversas emocionais profundas, ou desejos naturais por sexo —, vejam se podem se esforçar um pelo outro e encontrar um meio-termo. Apesar de terem os "pontos de ajuste", os seres humanos são psicologicamente flexíveis e capazes de gerar interesse em muitas coisas diferentes. Sabendo disso, a própria questão específica — talvez organização, comunicação ou sexo — se torna secundária, e a primária se torna: *Você se importa o bastante comigo e com o nosso relacionamento para incentivar sua mente a ir por este caminho?* Esse é um assunto principal e a outra pessoa pode fazer uma pergunta semelhante. Por exemplo, de uma maneira questionadora, não acusatória, você pode dizer coisas como: *Nosso relacionamento é uma prioridade para você? Quando conversamos, você pode me perguntar mais sobre mim e se interessar por minhas respostas? Uma vez por semana, mais ou menos, você poderia deliberadamente provocar sentimentos eróticos por mim e se incentivar a iniciar algum tipo de intimidade? Como sou importante para você, estaria disposto a se envolver mentalmente com os aborrecimentos de levar minha mãe para uma casa de repouso?*

Quando fizer essas tentativas, você observará como elas funcionam e o que as outras pessoas fazem. Verá sobre quais tipos de problemas elas conseguem falar. Verá a real capacidade do reparo, incluindo assumir a responsabilidade pela participação delas, ter empatia por você, manter a civilidade e conversar para resolver um problema. Relacionamentos naturalmente precisam de reparos. Se a outra pessoa ignora ou pune suas tentativas, é uma bandeira amarela em qualquer relacionamento importante. Se puder, tente sobre falar sobre o reparo e por que ele é importante. Por exemplo, você pode dizer: *Como valorizo nossa amizade, estou tentando resolver algo que ficou estranho entre nós. Por isso estou trazendo à tona. Espero que possamos falar sobre isso de modo eficaz. Podemos conversar? Como você acha que devemos abordar isso?* Com sorte, você conseguirá consertar as coisas. Mas se a outra pessoa se recusa a corrigir a falta de reparo *no geral*, isso é uma bandeira vermelha definitiva no relacionamento, e muitas vezes um sinal claro de que você precisa redimensioná-lo.

Lamente a perda

Pode haver a perda de um amor que você esperava ter ou de uma vida conjunta depois que os filhos saíram de casa. Talvez você perceba que um negócio ou um projeto não dará certo porque a outra pessoa não tem o talento ou a motivação necessária para que funcione. Talvez uma de suas amizades nunca irá entender por que você se importa tanto com o que come. Pode ter um chefe que não dará aquela promoção para você.

Enfrentar restrições em um relacionamento pode nos deixar com raiva, com ansiedade e com profunda tristeza. Como esse acerto de contas costuma ser doloroso, as pessoas podem tentar adiá-lo com pensamentos positivos ou evitá-lo por completo. Às vezes, as coisas melhoram sozinhas. Porém, como diz o ditado, *a esperança não é uma estratégia*. É útil ter um tipo de desencantamento saudável em que você acorda e enxerga as coisas com clareza, mesmo que seja doloroso.

Ao longo do caminho, permita-se sentir o que você sente, com autocompaixão e apoio. Os clássicos estágios do luto, traçados pela psiquiatra Elizabeth Kübler-Ross, oferecerem um mapa vago (e simplificado) para esse processo: negação, barganha, raiva, desespero e, em seguida, felizmente, aceitação. Reconheça sua perda. Depois, quando for a hora certa, vire-se para o que *também* é verdadeiro. Vá em direção às coisas que são boas neste relacionamento específico, mesmo que você não se envolva mais no que tem sido ruim para você. Vá em direção ao que é bom em outros relacionamentos e no mundo em geral. Você não está evitando a dor da perda. Na verdade, ao ir em direção ao que é bom, você se fortalecerá para enfrentar o que for doloroso e triste.

Existe um tipo específico de perda quando outras pessoas redimensionam o relacionamento *delas* com você de maneiras que não agradam. Se puder, fale com elas sobre isso e talvez faça um ajuste, isso é bom. Por outro lado, cortes frios e às vezes emocionais são surpreendentemente comuns. Talvez você estivesse namorando com alguém que, sem aviso prévio, para de responder suas mensagens; seu pai diz que não quer saber de você; sua filha adulta para de retornar suas ligações e se recusa a deixar que você veja seus netos; seus irmãos começam a inventar histórias sobre você e não dizem o motivo; ou certos parentes agora se recusam a fazer uma refeição na mesma mesa que você porque vocês discordam sobre política. Nesses tipos de estranhamentos unilaterais, alguns que já vivenciei pessoalmente, pode ser útil:

- Descobrir o que puder sobre o motivo.
- Identificar sua participação no assunto, seja o que for — pode não ser nada.
- Tentar falar com a outra pessoa, se ela estiver disposta.
- Descobrir o que puder sobre o que está acontecendo com o outro, independentemente de você.
- Tentar aceitar a perda, continuar se afastando e não se envolvendo emocionalmente no relacionamento.
- Ir em direção ao que ainda é bom; por exemplo, você pode começar a sentir que seus verdadeiros pais nesta vida não são os que conceberam você.

Porém, por mais que você tenha conhecimento sobre tudo isso, ser exilado por alguém importante para você é doloroso por natureza. Pode levar anos para ficar um pouco em paz com isso. Às vezes, tudo o que você pode fazer é viver o quanto puder nas outras partes da sua vida, e suportar a dor que aparece quando você pensa na outra pessoa.

Estabeleça seus limites

Uma das principais formas de redimensionamento acontece mais ou menos quando desistimos de um certo aspecto de um relacionamento enquanto ainda gostamos da pessoa. Com quase todo mundo, certas coisas farão falta. (Isso também será verdade para os outros sobre você, e é uma atitude humilde e honesta enfrentar e, talvez, falar sobre isso.) Dependendo do tipo de relacionamento, talvez vocês não consigam compartilhar uma prática espiritual, um projeto de negócios juntos não funcionará, ou o sexo será bom, mas não ótimo. Talvez suas tentativas de fazer algo acontecer têm deixado o relacionamento estressado e criado conflitos.

Ou você pode estar em uma situação em que precisa manter contato com alguém, mas na sua mente é um grande retrocesso. Você pode ter a educação e a cordialidade apropriadas enquanto se recusa a discutir sobre certos assuntos, trabalhar juntos em projetos futuros ou a ficarem no mesmo carro. Algumas pessoas tentam se conectar por meio de discussões ou incentivando uma reação emocional em outras; se for o caso, você pode desviar de interpretar esses papéis nos roteiros delas. Pense na armadilha que as pessoas jogam no seu caminho, como você já caiu nela em outro momento, e o que você pode fazer de agora em diante para se manter fora de tais interações. Talvez, você precise estar presente em certas ocasiões, como um jantar de fim de ano, reservando-se o direito de ir embora se as pessoas ficarem bêbadas demais.

Muitos dos limites que estabelecemos são implícitos, sem anunciá-los ou explicá-los às outras pessoas. Isso costuma ser bom e apropriado, em parte porque pode evitar conflitos sobre os motivos. Por outro lado, você pode querer se declarar. Se quiser, pode optar por explicar os motivos pelos quais está tomando essa atitude, embora possa ser mais fácil estabelecer o limite, deixar por isso mesmo e ficar fora de discussões. Dependendo do relacionamento, você pode dizer:

Preciso sair do trabalho às 17h30 para ir para casa jantar com meus filhos.

Não posso emprestar mais dinheiro a você.

Vou continuar a amizade com _____, embora você não goste dele.

Se usar esse linguajar de novo, acabou.

Se agir como se fosse me bater, ligarei para a polícia.

Não farei mais do que a metade das tarefas de casa nesta família.

Se vamos ter intimidade, preciso de uma base para sentir que você me ama e que não é apenas sobre sexo.

Não, não vou ao jantar de Ação de Graças com o tio que me molestou.

Quero que você veja seus netos, mas, por favor, siga as nossas regras de alimentação deles.

Se eu encontrar drogas no seu quarto, jogarei na privada e dar descarga.

Não quero mais falar sobre Deus.

Eu não gosto de assistir futebol, e tudo bem.

Se você deseja contar sobre um limite para alguém, pode ser útil ter as palavras claras em sua mente (ou, talvez, no papel) antes de dizer. Basicamente, você tem o direito de estabelecer limites e redimensionar um relacionamento. Reivindicar esse direito — e, francamente, esse poder — é muito importante se você não teve seus limites respeitados no passado. O livro de Nedra Tawwab, *Defina limites e encontre a paz*, é um guia excelente para estabelecer limites, tanto nas atitudes internas quanto nas habilidades externas, e extrai da profunda experiência de Tawwab como terapeuta e especialista em relacionamentos.

No processo do redimensionamento, pode ser tentador querer vingança e punição. A curto prazo, isso pode parecer bom, mas a longo prazo, você se arrependerá. Eu me arrependi. Mesmo que você precise parar de se envolver por completo com uma pessoa, tente agir de forma que consiga passar por ela na rua sem sentir uma chateação.

46

Perdoe

O perdão dispõe de dois significados:

- Abrir mão do ressentimento ou da raiva
- Desculpar uma ofensa; parar de buscar punição

Focarei o primeiro, que inclui situações em que você pode não estar com disposição para oferecer o perdão completo para alguém, mas ainda gostaria de fazer as pazes com o que aconteceu. Encontrar perdão pode andar de mãos dadas com a busca pela justiça. É possível tanto ver uma ação como algo moralmente repreensível como abrir mão da raiva pela pessoa que a cometeu. Você pode continuar a sentir tristeza pelos impactos causados a você ou outros — e tomar uma atitude para que nunca se repita —, enquanto não sente mais aflição, repreensão e sede por vingança.

O perdão pode parecer algo de nível elevado, como se só fosse aplicado a coisas grandes, como crimes ou adultério. Porém, a maior parte do perdão acontece nas pequenas feridas da vida cotidiana, nas vezes que outras pessoas decepcionaram, frustraram ou causaram transtorno, ou apenas deixaram uma má impressão.

A pessoa que ganha mais do perdão costuma ser aquela que perdoa. Às vezes, perdoamos pessoas que nunca sabem que as perdoamos; elas podem nem saber que nos causaram danos em primeiro lugar! O perdão liberta você das garras da raiva e da retribuição, das preocupações com o passado e com o assunto em mente sobre a outra pessoa. À medida que você perdoa, sua bondade profunda e natural é revelada cada vez mais.

Como

Você não *precisa* perdoar ninguém. Se o perdão for forçado, de má vontade ou inautêntico, não é perdão de verdade. Às vezes, apenas não estamos prontos para perdoar. Pode ser cedo demais ou a situação pode ser imperdoável. Não deixe que outras pessoas empurrem você para um perdão que não é verdadeiro. Se você tem uma intuição de que poderia mesmo perdoar alguém, mas há algo bloqueando, tente explorar o bloqueio. Talvez, ele esteja dizendo que você precisa entender mais os motivos da outra pessoa antes de seguir em frente ou que precisa realmente sentir raiva pelo que ela fez. Você pode tirar um tempo para decidir se quer seguir com o perdão. E quando decidir, teste as sugestões a seguir:

Cuide-se

É difícil perdoar quando você está sentindo opressão ou sente que está ativamente recebendo um mal tratamento. Faça o possível para proteger a si e aos outros. Repare os danos da melhor forma possível e redimensione o relacionamento se necessário. Continue tornando a sua vida melhor. Você pode perdoar as pessoas enquanto limita, se não termina, o relacionamento com elas.

Peça ajuda

Costuma ser mais fácil perdoar alguém se outras pessoas estão ao seu lado reconhecendo as maneiras pelas quais você sentiu que não recebeu um bom tratamento. Aqueles que oferecem apoio podem não conseguir mudar o que aconteceu, mas saber que eles enxergam o que você vê e que se importam com você pode ser imensamente útil.

Permita-se sentir

O perdão não consiste em desligar suas reações emocionais. Permita que seus pensamentos, sentimentos e desejos tenham um espaço para respirar, que desvaneçam e flutuem dentro dos próprios ritmos. Abrir-se para a sua experiência em um grande espaço de atenção plena pode ser útil para que *você* chegue a uma noção de conclusão e resolução sobre o que aconteceu — o que é bom por si só e facilita o perdão.

Verifique sua história

Atente-se para exageros sobre como algo é terrível, importante ou imperdoável. Tenha cuidado ao tirar conclusões precipitadas sobre as intenções de outras pessoas (capítulo 20, "Não leve tanto para o lado pessoal"). Com a vida moderna, muitos de nós estão bem estressados e distraídos na maior parte do tempo e, talvez, infelizmente, você tenha esbarrado no dia ruim de uma pessoa. Coloque a situação em perspectiva: foi tão grave assim? Talvez sim, talvez não.

Aprecie o valor do perdão

Pergunte-se: *O que minhas queixas, minhas repreensões, me custam? O que custam para os outros que são importantes para mim? Como seria abrir mão desses fardos?*

Considere onde seu interesse realmente está. Imagine que sua indignação, revolta e seu ressentimento são como pedras que você carrega. Observe como são pesadas... depois, imagine-se jogando-as no mar. Como seria?

Observe a situação completa

Considere os muitos fatores anteriores às pessoas que magoaram você, como a infância delas, os pais, as finanças, o temperamento, a saúde, e assim por diante. Isso não é para diminuir o que fizeram ou para relevar a responsabilidade delas, mas para colocar em um contexto maior *para o seu bem*. Quando você vê algumas das muitas forças pesando nos outros, consegue entender suas ações de maneira mais objetiva, o que pode ajudar a diminuir a dor, mesmo que você continue a desaprová-los. Tente enxergar as muitas coisas boas na sua vida — no presente, no passado e olhando em direção ao futuro — que são boas e intocadas pelas ações da outra pessoa.

Aceite que ferir-se faz parte da vida

Há uma história zen em que perguntam ao Mestre Yunmen: *Como é quando as árvores secam e as folhas caem?* Ele responde: *O corpo fica exposto ao vento dourado.*

Há profundidades nesse ensinamento que ainda estou explorando. Uma coisa parece clara: Para aproveitar os ventos dourados de tudo o que há de bom nos relacionamentos, devemos viver expostos... inclusive para ferimentos. Nós todos nos ferimos, de um jeito ou de outro. Somos grandes macacos, não muito longe das árvores. As pessoas, às vezes, fazem besteiras. Não é uma justificativa, é reconhecer a realidade. Algumas vezes, as pessoas tratarão você de maneira injusta e se safarão. É errado, mas todos passamos por isso. Vendo dessa forma, não é tão pessoal. É a vida, é viver e operar com outros seres humanos. Podemos enfrentar os maus-tratos e ter uma perspectiva quando eles acontecem.

Diga para si — e talvez para eles

Quando você sentir que chegou a hora de perdoar alguém, pode dizer para você e ver como se sente. Por exemplo: *Eu te perdoo... Estou abrindo mão disso... Ainda acho que foi errado, mas não vou deixar que me incomode mais.* Encontre as palavras que pareçam genuínas para você.

Depois, se preferir, diga para os outros. Com sorte, serão receptivos. E, se não forem, você ainda pode ter os benefícios do perdão dentro do seu coração — enquanto enxerga a outra pessoa de maneira mais clara agora.

PARTE SEIS

Ame o mundo

Ame o que é real

Durante a minha infância, minha família e a escola pareciam terrenos instáveis. Eu não entendia por que meus pais e muitas crianças costumavam reagir de certa maneira, excessivamente raivosos e amedrontados devido a coisas aparentemente pequenas. Também parecia ser instável dentro de mim e eu não entendia meus próprios sentimentos, tampouco minhas reações. Por fora e por dentro, tudo parecia rodopiar, de pernas para o ar, incerto.

Então, procurei por um terreno estável. Tentei ver e entender o que era realmente real. Os laranjais e as colinas ao redor da minha casa eram naturais e reconfortantes e eu ia até lá sempre que podia. Comecei a ler ficção científica e gostei de um universo organizado em que você podia descobrir por que a espaçonave não estava funcionando e consertá-la.

Também tentei entender o que era verdadeiro dentro das outras pessoas e de mim mesmo. *Por que minha mãe está tão irritada? Ah, ela está com raiva do meu pai. Por que esse valentão está implicando comigo? Ah, ele está tentando parecer legal para os amigos. Por que aquela menina parece tão magoada? Ah, é porque fiz algo ruim. Por que me sinto tão tímido em certos grupos? Ah, tenho medo de tirarem sarro do que eu disser.*

Anos depois, o verdadeiro é meu principal ponto de referência e refúgio. É claro, os mistérios permanecem e as descrições do que é real são incompletas e moldadas pela cultura. Mesmo assim, há *muito* que *podemos* saber — desde micróbios no seu intestino e sentimentos em sua mente até uma ondulação no espaço-tempo causada pela colisão de dois buracos negros.

Além de saber o que é real, também podemos *amar*, ficar maravilhados com sua existência, reconfortados por estarmos enxergando com clareza, em vez de sermos enganados ou iludidos. Não temos que gostar do que é real para amar sua realidade.

Qual é a única coisa que indivíduos, casais, famílias, organizações e governos *não saudáveis* possuem em comum? Eles escondem, distorcem ou atacam a realidade verdadeira das coisas. Por exemplo, "segredos familiares" são sinais clássicos de problemas, em que histórias boas — *Ah, a mamãe não bebe tanto assim… Ah, o tio Beto não é esquisito, ele é apenas carinhoso* — escondem fatos ruins.

Por outro lado, qual é a única coisa que indivíduos, casais, família, organizações e governos *saudáveis* possuem em comum? São fundados no que é real. Eles buscam a verdade e ajudam outros a encontrá-la, contam a verdade e lidam com ela da melhor maneira que podem.

Como

Gosto de começar com objetos físicos, como uma pedra na mão, água em um copo, ou um livro sobre a mesa. Deixe suas percepções mudarem de objeto para objeto, visto, ouvido, tocado ou imaginado — um após do outro, todos reais… estendendo-se à mão segurando a pedra e o cérebro construindo as sensações da forma e da textura dela: é tudo real! Por mais alguns segundos ou minutos, tenha consciência de uma coisa real após a outra: plantas e animais, garfos e colheres, terra e céu, as estrelas lá em cima e as minhocas lá embaixo… muitas coisas reais. Se você relaxar e se abrir, um tipo de êxtase louco pode surgir, junto à gratidão e ao fascínio.

Cada um de nós recebe apoio de incontáveis coisas reais. Por exemplo, enquanto estiver sentado(a), de pé ou andando, tenha consciência de como seus ossos sustentam você. Mude sua postura até sentir o suporte de maneira firme, com uma sensação de integridade e força. Realmente registre toda a experiência de suporte físico. Você pode observar muitas coisas que protegem, auxiliam ou alegram você, desde paredes fortes e eletricidade até um vaso de flores ou uma foto de um amigo ou uma amiga. Pode pensar em alguém que apoia você e tirar um momento para sentir a realidade dessa pessoa e do suporte que ela oferece. À medida que enfrenta os desafios da vida — incluindo aquelas pessoas que não apoiam você —, é importante demonstrar apreço pelo verdadeiro apoio onde consegue encontrá-lo.

Tudo o que você achar sagrado é real. Pode ser relacionado à religião ou espiritualidade, ou qualquer coisa que você ama, como sequoias-vermelhas antigas, o brilho no olhar de uma criança, ou a bondade inerente no coração humano. Se você for como eu, não está constantemente ciente do que mais valoriza. Porém, quando se conscientiza — talvez em um casamento, em um funeral ou na beira do mar —, é como a sensação de voltar para casa, do "sim", de saber que *isso* realmente importa e merece o seu amor.

Amar o que é real é uma gratidão fundamental por *você* e por *tudo* existir. Há uma aceitação, uma humildade, um respeito. Muitas coisas reais são estressantes ou injustas. Não as desejaríamos para os outros e não queremos para nós — porém, ainda podemos amar tudo o que é real e o que inclui essas coisas específicas.

Amar o que é real torna mais fácil ver do que você tende a se afastar, como fatos sobre saúde, finanças, relacionamentos ou o que está acontecendo no porão da sua mente. Você pode considerar, como eu tenho feito ultimamente, os efeitos reais resultantes da compaixão ou da raiva direcionados para outras pessoas, e as escolhas verdadeiras sobre a melhor forma de usar os anos e dias restantes desta vida. Você consegue usar um amor pelo real para enfrentar e lidar com algo importante?

232 • Ame o mundo

Uma maneira de amar o que é real é ouvir ou observar o que vem dos outros até você. Como suas amizades ou seus parentes realmente estão se sentindo por dentro? Do que eles precisam? Onde dói? Assim como as suas experiências são reais para você, as experiências deles são, às vezes, de forma dolorosa, intensamente reais para *eles*. Você consegue sentir o peso do mundo interior dessas pessoas. Mesmo que não goste exatamente do que pode estar fluindo na consciência de alguém, você pode se render para a realidade — o que trará uma sensação maior de tranquilidade.

Seja na sua família ou no seu país, dizer a verdade — e apoiar outros a fazerem o mesmo — é uma maneira ativa e corajosa de amar o que é real. Às vezes, isso pode não ser seguro, como no caso de governos que punem a dissidência aberta. Outras, pode não ser apropriado, como não querer sobrecarregar pais idosos com a completa verdade do impacto que eles tiveram em você quando criança. Porém, você sempre pode dizer a verdade dentro do santuário da *sua* mente.

A verdade é nosso precioso refúgio. É com o que podemos contar. Incluindo a real bondade dentro de cada um de nós. Os verdadeiros votos bondosos para outros, os verdadeiros esforços diários, a real vigilância inerente. Você pode amar o que é verdadeiro em *você* e, nesse amor, encontrar uma abertura para tudo o que é real em todos os lugares.

48

Seja corajoso

Com *seja corajoso*, quero dizer várias coisas que estão relacionadas:

- Sentir seu coração e seu peito.
- Encontrar estímulo em tudo o que é bom.
- Acomodar-se em seu carinho, sua compaixão e bondade; acomodar-se no cuidado que recebe de outros; deixar o amor entrar e sair.
- Ser uma pessoa corajosa, sincera e com o coração forte; avançando com sabedoria mesmo com ansiedade, conhecendo sua verdade e expressando-a o máximo possível.

Quando você tem coragem, lida melhor com desafios como o envelhecimento, as doenças, os traumas ou conflitos com outros. Você também é mais capaz de tirar vantagem de oportunidades com confiança e garra.

Precisa ser corajoso até para viver em momentos comuns. E, especialmente, precisa ter coragem para viver em, com, e além de momentos muito difíceis. Seu momento difícil pode ser uma notícia ruim sobre sua saúde, a morte de um de seus pais, ou uma traição de outros. Ou pode ter relação com as mudanças em seu país ou no mundo, e suas preocupações sobre os efeitos que possuem em você e nos outros.

Há muitos exemplos de pessoas ilustres enfrentando grandes dificuldades com dignidade, princípios e coragem. Elas conseguiram. Nós também conseguimos.

Como

Comece lidando com a situação. Quando grandes coisas acontecem — seja em um pátio de escola, em um campo de refugiados ou do outro lado do mundo —, é natural ficar em choque e sentir desconforto. É útil sentir a experiência crua, as sensações do corpo, os sentimentos profundos, os medos e as raivas despertados — em vez de se desviar para um pensamento obsessivo. Seja o que for, é a *sua* experiência, e não tem problema se você se afeta mais do que outras pessoas. Você pode ter atenção ao que está passando pelo grande espaço aberto da consciência, observando sem sentir uma sobrecarga.

Quando algo falhar, faça coisas simples que ajudem você a voltar a se concentrar e encontrar estabilidade. Por exemplo, faça a cama ou ligue para um de seus amigos. Cuide do seu corpo cozinhando uma boa refeição e tentando dormir o suficiente. Respire fundo e talvez medite um pouco. Quando for verdade, observe que você está basicamente bem no presente — ainda está respirando, o coração batendo, não há uma sobrecarga —, neste momento, minuto após minuto. Encontre um pouco de prazer em algum lugar, talvez no aroma de uma laranja ou na sensação da água quente sobre o rosto. Olhe para as árvores e para o céu, pegue uma xícara de chá e fite o espaço.

Proteja e guie sua atenção. Uma coisa é encontrar os fatos e formular os melhores planos que puder, outra é se distrair ou chatear por conta das notícias ou de outras pessoas que não adicionam nenhum valor útil na sua vida.

Entusiasme-se com as inúmeras coisas boas acontecendo. Por fora, há a bondade dos outros, a beleza de uma única folha, as estrelas que brilham não importa o que as esconda. Agora, enquanto você lê, crianças estão rindo, alegres, ao redor do mundo, famílias estão se sentando para uma refeição, bebês estão nascendo e braços fortes estão segurando com carinho pessoas que estão morrendo. Por dentro, há compaixão, esforços sinceros, memórias felizes, aptidões — e muito mais.

Anime-se com outros, compartilhando preocupações, apoio e amizade.

Faça o que puder. Quanto mais a situação for turbulenta, alarmante e fora de controle, mais importante é focar a estabilidade, segurança e ação que estão disponíveis para você em qualquer forma.

Seja corajoso. Entidades fortes sempre tentaram confundir e amedrontar outros. Entretanto, você pode preservar sua força interior, nunca se intimidando ou curvando.

Por último, descobri que ter perspectiva é muito útil. Sem diminuir o que é ruim, também é verdade que seres humanos como você e eu estão no planeta há 300 mil anos. Eu vejo as árvores, a terra, o oceano — tudo isso esteve aqui antes de mim e durará muito depois de mim. Impérios surgem e caem. Às vezes, o âmago não se sustenta — em um corpo, um casamento ou uma nação — e, ainda assim, as pessoas se amam, fazem o impossível por um estranho e ficam maravilhadas com um arco-íris. Nada, *nada* mesmo pode mudar isso. Nós continuamos colocando um pé na frente do outro, erguendo uns aos outros ao longo do caminho.

49

Vote

Mesmo em um mundo com bilhões de pessoas, o que fazemos afeta o outro, de maneira positiva ou negativa. Estamos conectados com todos os outros seres humanos. Em um livro sobre como respondemos e tratamos os outros, é apropriado considerar o relacionamento político nas sociedades que compartilhamos. Como nos governamos pode parecer abstrato e remoto, mas as consequências são íntimas e pessoais.

Você pode se preocupar com a economia, com as tempestades e secas da mudança climática, ou com as novas doenças se espalhando por todo o mundo. Pode se assustar com o aumento do autoritarismo ao redor do mundo. Pode ficar em choque, como eu estou aqui nos Estados Unidos, com a longa história de escravidão, racismo e injustiça social. Você pode se preocupar muito com o mundo que seus filhos e os dos outros herdarão.

Quando certas coisas acontecem, como o assassinato de um homem negro por um policial branco, é natural se sentir impotente, com a mente confusa e em choque. E sentir uma enxurrada de indignação e tristeza esmagadora. Porém, mesmo no meio disso tudo, você ainda pode ter atenção — estar consciente e presente, sem se deixar levar por completo. Então, em algum momento, você respira fundo, olha ao redor e tenta descobrir o que fazer.

Uma coisa a fazer é *votar*. Nós votamos de muitas maneiras. Além do que fazemos na urna eletrônica , oferecemos um tipo de voto — uma escolha com consequências — quando assinamos uma petição ou doamos dinheiro para uma causa ou um candidato. Em um sentido mais amplo, votamos quando defendemos alguém que está sendo maltratado. Dentro da sua mente, você faz um tipo de voto quando assume uma posição moral. *Voto* vem do latim *votum*: assumir um compromisso, reivindicar o poder que você já tem — e usá-lo.

Alguém pode dizer: *Não importa. Um voto não faz diferença, é uma gota no oceano.*

Mas toda escolha é importante para a pessoa que a faz. Saber que você tem um compromisso com algo e manteve sua palavra, que você fez o que disse que ia fazer, é um sentimento bom por si só. Aliás, é um antídoto poderoso para a impotência e para o desespero.

Além disso, quando outras pessoas veem você tomando uma atitude, pode ser uma inspiração para que façam o mesmo. E a acumulação gradual de muitos pequenos esforços, pinguinho por pinguinho, pode se tornar uma onda poderosa. Atingi a maioridade no fim da década de 1960 e, durante toda minha vida, vi grandes melhoras nos direitos civis, no ambientalismo, no casamento homoafetivo e nos direitos das mulheres. Essas mudanças foram resultado de incontáveis "votos" que foram somados ao longo do tempo.

Ainda temos muito caminho para percorrer. Os votos que fazemos — nas urnas, com nossas palavras e ações — não são garantia de sucesso. Mas, se não votarmos, vez após vez, o que é garantido é o fracasso.

Como

Vote por fatos

Não ter clareza sobre os fatos é como dirigir um carro com os olhos fechados. Alguns dizem que realmente não podemos saber a verdade sobre grandes coisas como os governos nacionais ou a mudança climática. Eu acho uma atitude preguiçosa, na melhor das hipóteses. Os básicos costumam ser bem fáceis de enxergar. Quem está ficando mais rico e quem está ficando mais pobre? As geleiras estão derretendo? Quem está fortalecendo a democracia e quem está enfraquecendo? Dez ou vinte minutos online com algumas fontes confiáveis dirão muito, especialmente quando são consistentes umas com as outras. Dependendo do assunto, você consegue encontrar bons resumos para o público geral feitos por institutos universitários, organizações científicas e profissionais, organizações sem fins lucrativos e apartidárias, no Wikipédia, e grandes organizações de notícias, como a BBC e o *New York Times*. Essas fontes não são perfeitas, mas o que as tornam confiáveis é que elas competem uma com a outra por precisão e, quando erram, fazem correções.

Somos afetados de forma íntima por eventos reais, tanto nos corredores de nossa casa quanto nos salões do poder. Quando alguém diz: *Não se preocupe. Você não precisa saber da verdade, não precisa se preocupar com isso...* geralmente, você precisa. Pessoas que mentem para manter a autoridade a deslegitimam. Qualquer pessoa, grupo ou governo que diz que fatos são irrelevantes, torna mais difícil encontrá-los ou espalha desinformação para esconder a verdade, está atacando a base de todos os relacionamentos saudáveis.

Vá até as urnas

Votação é sobre participação — e *a participação em si não é partidária*. Nas eleições presidenciais dos Estados Unidos, cerca de duas a cada cinco pessoas não se deram o trabalho de votar — e os jovens, entre 18 e 25 anos, são ainda menos comprometidos, embora sejam os que mais herdarão os efeitos do aquecimento global, da desigualdade econômica e outros problemas sociais graves. A votação é sagrada. Como o membro da Câmera dos Representantes dos

Estados Unidos, John Lewis, escreveu alguns dias antes de morrer: "A democracia não é um estado. É um ato."

Confronte a má-fé

A primeira coisa é discutir sobre política com boa-fé. Depois, demonstrar o interesse compartilhado em fatos, e se *você* não deveria fazer algo, bom, *eu* também não. Como já vimos, dizer a verdade e ser uma pessoa justa são as bases de todos os relacionamentos — desde duas pessoas formando um casal até milhões em um país. Mentiras e trapaças não são toleradas nos esportes e nos negócios. Então, por que toleramos na política?

O que você fizer sempre dependerá da situação. Você pode ignorar alguém que está *trollando* no Facebook ou pedir gentilmente a um amigo com opiniões diferentes se vocês poderiam falar de política de uma outra maneira.

Ou, assim que ficar claro que a outra pessoa não tem nenhum interesse em um diálogo com boa-fé, você pode dizer algo assim: *Qual é o verdadeiro propósito aqui? Você continua dizendo coisas que não são verídicas ou não estão relacionadas com o que eu estou falando. Está apenas tentando mudar de assunto, em vez de lidar com o assunto.* Mesmo que você não chegue a lugar algum com essa pessoa, você para de perder tempo e pode ter um bom efeito em quem estiver assistindo.

Defenda os outros

Lembro-me de ter 10 anos de idade e do choque visceral de ir a um banheiro de um posto de gasolina na Carolina do Norte, em 1963, e ver três portas com placas: Homens... Mulheres... Negros. Minha vida teve suas dificuldades, mas como um homem branco, tive vantagens de muitas maneiras. Eu olho para minha casa e minhas economias e sei que são consequência de três coisas: esforços pessoais, sorte (boa ou ruim, incluindo a loteria genética) e vantagens que operam *desfavorecendo outras pessoas*. Alguma fração do que eu tenho vem de discriminações históricas e atuais contra mulheres, pessoas não brancas e outros grupos marginalizados. Essa fração não é 100%, mas, certamente, não é 0%. Seja o que for, são ganhos ilícitos.

A maioria das pessoas não entra pela porta da frente planejando desfavorecer outras. Consiste em tristeza, não vergonha, compaixão e um compromisso com a justiça. Para aqueles que, como eu, se beneficiaram de vantagens sistêmicas, acho que temos uma responsabilidade particular para fazermos o que pudermos. À medida que votamos com nossos pensamentos e palavras, podemos ouvir, sentir o peso do que está sendo dito, tentar aprender e não presumir, reconhecer o impacto causado em outras pessoas (independentemente de qual possa ter sido a intenção), encontrar o desejo sincero de ser um aliado e continuar tentando ser melhor. Quando votamos na urna eletrônica, podemos escolher governantes e políticas que protegem os mais jovens, que abordam desigualdades raciais e que criam oportunidade para todos nós.

Vote por você

No fundo, temos o poder de ver o que vemos, valorizar o que valorizamos e traçar nossos planos. Pode não ser seguro ou útil dizer isso em voz alta, mas podemos dizer para nós mesmos.

Esse é um tipo de voto. Não importa o que acontece lá fora no mundo, sempre podemos votar dentro da mente. É como se tivéssemos uma cabine de votação interna. Podemos nos refugiar na certeza de saber o que fazemos lá.

Eu extraio orientação e força das pessoas que enfrentaram dificuldades muito maiores do que eu enfrentei, e que falam sobre o que podemos fazer dentro de nós mesmos com a autoridade de seus próprios sofrimentos e dores. A maioria dessas pessoas não são famosas e, mesmo assim, suas palavras ainda possuem um peso enorme. Algumas são conhecidas, como o Dalai Lama. Lembro-me de assistir uma entrevista na qual ele descreveu os terríveis maus tratos aos tibetanos dentro do próprio país. Em seu rosto, tom de voz e palavras, ele expressou aquela irredutível liberdade humana de fazer as próprias escolhas, de reivindicar o poder que temos e usá-lo — e usá-lo bem — com compaixão por todos os seres.

50

Valorize a Terra

Nosso cérebro possui três sistemas motivacionais principais — evitar danos, ir em direção a recompensas e se apegar àquele que amamos — que extraem de muitas redes neurais para conquistar seus objetivos. Ultimamente, comecei a perceber que um quarto sistema motivacional pode estar surgindo.

Nossos ancestrais em grupos da caça não tinham muita capacidade para causar danos ao mundo, nem podiam ter muito entendimento do efeito que tinham nele. Porém, agora, a humanidade possui poderes vastos para ajudar e danificar. E temos um conhecimento inescapável sobre o que estamos fazendo com a nossa casa. Oito bilhões de nós estão pressionando fortemente contra os limites do Salva-Vidas Terra. À medida que o planeta aquece, muitas espécies se extinguem e recursos como água potável diminuem, para que nossa espécie sobreviva e prospere, a evolução cultural e talvez biológica pode estar pedindo para que nós *valorizemos a Terra*.

Este é o relacionamento mais importante de todos, aquele entre nós e o planeta que compartilhamos. Acho que é apropriado explorá-lo no último capítulo do livro.

Como

O mundo está presente na comida que você come, no ar que você respira e no tempo e clima em que você passa seus dias. Em círculos cada vez maiores, inclui complexos ciclos de vida na terra, no mar e no céu. Quando valorizamos a Terra, nós temos *apreço* e *cuidado* por ela.

Então, procure por oportunidades para aproveitar e valorizar coisas diferentes no mundo natural. Isso varia do que está perto — flores desabrochando, árvores fornecendo sombra, abelhas indo de flor em flor — para o vasto ninho que compartilhamos, como as trocas de oxigênio e gás carbônico por meio dos quais os animais e plantas fornecem respiração uns para os outros. Nós podemos apreciar a ocorrência fortuita do planeta rochoso sobrevivendo à formação inicial de um sistema solar para encontrar uma órbita que permite água líquida em sua superfície... e a ocorrência ainda mais incrível desse universo borbulhando em crescimento: o maior ninho de todos, o milagre extraordinário em que fazemos nossos dias comuns.

Você pode procurar por maneira de proteger e cuidar do nosso precioso e vulnerável mundo. Estamos todos envolvidos com sistemas de extração e poluição e a humanidade tem uma grande participação na extinção de incontáveis outras espécies. Ninguém pode fazer tudo, mas todos podem fazer algo. Escolha algo importante para você, talvez comer menos ou não comer nada de carne, desligar as luzes quando não estiver usando ou gastar cerca de um real por dia em projetos que compensam o CO_2 que nossas atividades enviam para o céu. Plante uma árvore, recicle quando puder, e apoie pessoas e partidos políticos que falam sério sobre acabar e, eventualmente, reverter o aquecimento global.

No fundo do seu coração, qual é o seu relacionamento com este planeta? Nos relacionamos com ele como um objeto a ser explorado, um adversário ou um conhecido distante? Valorizamos como um amigo, um frágil santuário ou um amado lar?

Aqui, ali e em todo lugar, vamos todos viver em um mundo que amamos.

Agradecimentos

Aprendemos algo sobre relacionamentos com cada um com quem nos envolvemos, então temo ser impossível para mim reconhecer todos de maneira adequada. Simplesmente direi que minha esposa e meus filhos têm sido meus melhores professores.

Também aprendi muito com amigos queridos, incluindo Adhimutti Bhikkhuni, Peter Baumann, Stuart Bell, Tom Bowlin, Tara Brach, John Casey, Caren Cole, Mark Coleman, Andy Dreitcer, Daniel Ellenberg, Pam Handleman, John Kleiner, Marc Lesser, Roddy McCalley, Rick Mendius, John Prendergast, Henry Shukman, Michael Taft e Bob Truog. Quando eu era um aluno de graduação tímido e esquisito na UCLA, vários mentores foram fundamentais, especialmente Carol Hetrick, Chuck Rusch, Mike Van Horn e Jules Zentner.

O campo da psicologia explorou os relacionamentos de maneira profunda e, neste livro, baseei-me na teoria do apego, na teoria dos sistemas familiares e na comunicação não violenta — bem como em meus 35 anos fazendo terapia com indivíduos e casais. Sou profundamente grato por todos que já confiaram em mim, enquanto orientador psicológico, a ponto de conversarem comigo. Também há bastante sabedoria prática nas tradições contemplativas, incluindo uma que conheço muito bem, o budismo primitivo. Leslie Booker e Mamphela Ramphele me ajudaram a ter mais consciência dos meus privilégios e preconceitos e mais habilidade em como me comunico.

246 • Como construir grandes relacionamentos

Este livro se baseia em alguns artigos breves da minha newsletter semanal gratuita, *Just One Thing*. Ao longo dos anos, recebi comentários úteis de muitos leitores — obrigado!

Charlotte Nuessle fez uma leitura meticulosa do livro e, é claro, minha editora sábia e paciente, Donna Loffredo, fez sugestões e correções inestimáveis. Diana Drew forneceu uma revisão detalhada e foi um sincero prazer trabalhar com todo o grupo da Penguin Random House. Durante todo o processo, minha amiga e agente Amy Rennert me guiou com sua mistura maravilhosa de gentileza e experiência. Nossa equipe na Being Well, Inc., liderada por Stephanie Veillon, incluindo Forrest Hanson, Michelle Keane, Sui Oakland, Paul Van de Riet, Marion Reynolds e Andrew Schuman — vocês têm construído ótimos relacionamentos comigo e uns com os outros desde o primeiro dia!

Agradeço a cada um de vocês. E que nossos sinceros esforços possam estimular um mundo em que todos possamos viver juntos em paz.

Índice

A

abusos de poder 134
Aceitação 102
Ações 26
Agradeço 246
agressor interno 23
ambição 20
ambientalismo 237
amor XIII
ansiedade 18
apoio XIV
apoio a si mesmo XV
aquecimento global 243
assédio XV
autoaceitação 198
autocompaixão 56
autoconfiança XIV
autoestima XIV
autolealdade 5
autoridade legal 133
autoritarismo 236
autovalorização 37,
69

B

BBC 238
bem-estar 4
Bem-intencionado 142
Benéfico 142
bom coração XV
bondade fundamental 35
bondade natural 42
bullying 21, 134

C

caçadores-coletores 20
caminho de cura 9
casamento homoafetivo 237
centralidade 28
centro da consciência 30
Charles Sherrington 28
ciência contemplativa 9
circuito neural básico 60
Circuitos espelhados 59
comitê do cuidado 23
compaixão XIV, 56
  círculo de compaixão 80

compartilhamento 57

comunicação efetiva XV

comunicação não-violenta 191

confiança básica 44

conflitos XV

consciência 15, 19

consciência contínua 61

Conteúdo explícito 161

continua sendo 120

córtex pré-frontal 60, 126

crítico interior 49

crueldade performática 137

cuidados parentais XV

cyberbullying XV

D

Dalai Lama 75

Dan Siegel 58

Deborah Tannen 161

decepção 16, 128

Declaração implícita 161

Defensivos 135

defensor interno 23

democracia 133, 238

desamparo 16

desamparo aprendido 47

descontração 13

Desejos 26

desencantamento saudável 216

diálogo 189

direitos civis 237

direitos das mulheres 237

discriminação estrutural 134

discurso sábio 142

distanciador 208

DNA 55

doença crônica 37

Dominantes 135

Donald Winnicott 120

dor extra 106

E

Elizabeth Kübler-Ross 216

Emoções 26

emoções negativas 125

empatia 58

empatia fraca 58

Empatia por ações 59

Empatia por emoções 59

Empatia por pensamentos 60

Enganosos 135

Entrelinhas emocionais 161

Erik Erikson 44

erros interpessoais 15

erros morais 51

Escala da Chateação 182

Escala Horrível 182

escassez 21

escravidão 236

espaço-tempo 230

estabilidade 235

estilo de personalidade autoritário 135

estruturas neurais 10

expressões faciais 27

Índice • 249

F

facilidade 28
falha moral 108
famílias XIV
fatores mentais 98
felicidade XIV, 9
ferida autoinfligida 106
feridas 21
finanças XV
fluxo de consciência 9
Força Pacífica 100
fraude criminal 134

G

garra 16
gentileza 78
Gil Fronsdal 65

H

habilidades interpessoais 10
hostilidade 16
hostilidade crônica 125
humanidade compartilhada 83

I

impulsos 26
inabilidade 51
incompreensão 128
infância 8
injustiça social 236
ínsula 59
integridade 28
intimidação física 134

intuição 5
irritação 8
Isso 59

J

John Lewis 239
John Welwood 85
Julie Gottman 161

K

Kristin Neff 37

L

Lealdade 4
legitimidade moral 133
lições da vida real XIV
Lista de Desejos 112
Lista de Queixas 112
Lista de Reclamações 178
lobo do amor 55
lobo do ódio 55
lobos temporal e parietal 59
luto 10

M

Mãe Natureza 116
mágoa 8
Mahatma Gandhi 80
Marshall Rosenberg 191
Martin Buber 59
Mary Oliver 4
maus tratos 134
Maya Angelou 135

melancólico 8
memórias emocionais 22
mente de iniciante 153
mente desconhecida 154
Mente em Guerra 100
Mestre Yunmen 224
método Rolfing 85
mundo interno 46

N

Não agressivo 142
necessidade básica 15
  conexão 15
  satisfação 15
  segurança 15
Nedra Tawwab 220
Nelson Mandela 80
neurologia 9
neurônios 28
neuroplastia positiva 60
New York Times 238

O

objetivos positivos ocultos 73
Oportuno 142
Oren Jay Sofer 192

P

parasitar 132
Patrulha do Pensamento 198
Pensamentos 26
Percepções 26

perdão 221
perdido de base 84
perdoe-se 50
perseguidor 208
pessoas desafiadoras XV
PFC 126
pontos de ajuste 215
postura 27
PQEF 185
preciosidades 5
preparação 125
protetor interior 49
provocação 125
psicologia clínica 9
psicologia social 109

Q

qualidades ruins 68

R

racismo XV, 236
raiva 124
recebimento 47
recursos psicológicos 16
redes neurais 242
refúgio 119
relacionamentos bons XIV
resistência 20
resolução de conflitos 99
responsabilidade máxima
    razoável 110
resposta neuro-hormonal 126

ressentimento 56
ressentimentos 8
Richard Schwartz 29

S

Salva-Vidas Terra 242
saúde psicológica 134
sentimento crônico 109
sentimento de força 19
sentimentos de impulso 59
sexismo XV
sexo XV
Shakespeare 29
sistema nervoso 12
sistema nervoso autônomo 17
sistema nervoso parassimpático 17
sistema nervoso simpático 17
sistemas familiares internos 29
SNPS 17
SNS 17
Sofrimento 38
  Sofrimento mental 38
subpersonalidades 23
Suprimentos sociais 21
Suzuki Roshi 4

T

Tara Brach 28
tempestades emocionais 9
teoria da mente 60
teoria do apego 245

teoria dos sistemas familiares 245
Terry Real 199
tom 161
tranquilidade 28
transpessoal 41
transtorno dissociativo de identidade 29
tūrangawaewae 119
turbocompressores 117

U

urna eletrônica 236
uta aikido 169

V

Verdadeiro 142
viés da negatividade 69
virtude unilateral 109
Voto 237
votos bondosos 232
vulnerabilidades 5

W

Walt Whitman 29
Wikipédia 238

Z

Zona Verd 15
Zona Vermelha 16

Sobre o autor

Rick Hanson, Ph.D., é psicólogo, membro sênior do Greater Good Science Center na Universidade da Califórnia, em Berkeley, e autor best-seller do *New York Times*. Seus sete livros foram publicados em trinta idiomas e incluem *O cérebro de Buda, Como construir grandes relacionamentos, Neurodarma, O poder da resiliência, O cérebro e a felicidade, Pequenas coisas* e *Mother Nurture* — com mais de 1 milhão de cópias apenas em inglês. Sua *newsletter* gratuita possui mais de 250 mil inscritos, e seus cursos online contêm bolsas de estudos disponíveis para aqueles com necessidade financeira. Seu podcast, Being Well, apresentado ao lado do filho, Forrest, é baixado milhões de vezes todos os anos. Rick deu aulas na NASA, no Google, em Oxford e Harvard, e já lecionou em centros de meditação ao redor do mundo. Um especialista em neuroplasticidade positiva, seu trabalho foi exibido na CBS, na NPR, na BBC e em outras grandes mídias; seu artigo "Learning to Learn from Positive Experiences" foi publicado recentemente no *Journal of Positive Psychology*. Ele começou a meditar em 1974 e é fundador do Wellspring Institute for Neuroscience and Contemplative Wisdom. Hanson e a esposa vivem no norte da Califórnia e têm dois filhos adultos. Ele ama a natureza, bem como dar uma pausa nos e-mails.

EDITORA ALAÚDE

CONHEÇA OUTROS LIVROS

ALCANCE SEU POTENCIAL MAIS ELEVADO E UMA COMPREENSÃO MAIS PROFUNDA DE SI MESMO.

Com insights sobre inteligência social e emocional, o poder da atenção, consciência corporal, respiração, plenitude e transcendência — e com dezenas de ilustrações das posturas da ioga —, Vivendo na luz é um guia para você construir um futuro brilhante e esclarecedor.

Ioga

Meditação

SE FOSSE FAZER APENAS UMA COISA PARA TRANSFORMAR SUA SAÚDE, O QUE SERIA?

Todos queremos maneiras rápidas e fáceis de melhorar nossa saúde, mas quando se trata de dieta, condicionamento físico e bem-estar, pode ser difícil separar os fatos dos modismos. Dr. Mosley traz à luz pequenas coisas que você pode introduzir em sua rotina diária que terão um grande impacto em sua saúde mental e física.

Transformação pessoal

Vida fitness

Todas as imagens são meramente ilustrativas.

Este livro foi impresso nas oficinas gráficas da Editora Vozes Ltda.,
Rua Frei Luís, 100 – Petrópolis, RJ.